생각을 바꾸면
미래가 바뀐다

생각을 바꾸면 미래가 바뀐다

초판1쇄 인쇄 | 2013년 3월 4일
초판1쇄 발행 | 2013년 3월 7일

지은이 | 임우현
펴낸이 | 박대용
펴낸곳 | 도서출판 징검다리

주소 | 413-834 경기도 파주시 교하읍 산남리 292-8
전화 | 031)957-3890,3891 팩스 031)957-3889
이메일 | zinggumdari@hanmail.net

출판등록 | 제 10-1574호
등록일자 | 1998년 4월 3일

＊잘못 만들어진 책은 교환해 드립니다.

생각을 바꾸면 미래가 바뀐다

· 임우현 지음 ·

징검다리

시작하며
생각을 바꾸면 미래가 바뀐다

"습관을 바꾸면 미래를 바꾼다"를 출간한 지 어느새 2년이라는 시간이 지나갔습니다.

지난 2년 동안 거의 매일 교회와 학교를 돌아다니며 만나는 모든 세대에게 습관을 바꾸면 미래가 바뀐다고 외치며 작은 습관을 고치고 미래를 바꾸어보자고, 전하고 또 전하는 시간을 가졌습니다. 그렇게 집회와 강의와 방송에서 외치다 그것이 한 권의 책으로 출간 되었고 부족하지만 지금까지도 과분한 사랑을 받는 책으로 남겨지게 되었습니다.

그렇게 2년이란 시간 동안 많은 학생들을 만났습니다. 그러면서 자연스럽게 부모님들을 만나는 시간도 많아졌습니다. 부모님과의 대화를 통해 학생들에게서 일어나는 모든 문제의 원인이 바로 부모님들의 잘못된 생각에 있다는 것을 알게 되었습니다.

　너는 왜 그러니. 너는 안 돼. 너는 매번 성적이 안 좋고, 잘하는 것도 없고, 학교도 명문이 아니고, 친구들도 다 엉망이고, 너는 문제아야.

　학생들은 중학교 1학년만 되어도 학교와 가정과 사회에서 이미 결정 난 것 같은 자신의 미래에 대해 듣게 되고 그저 공부를 못한다는 이유로 집안이 가난하고 잘하는 것이 남들보다 적다는 이유로 온갖 무시를 받는 상황에 빠지게 됩니다.

　그러기에 일찍부터 미래를 포기하고 의미 없는 하루를 살아가며 놀고먹는 것 외에는 아무런 기쁨도 즐거움도 누리지 못하는 사회부적응자요, 미래를 미리 포기하는 자포자기의 인생으로 변해버리는 일들이 많아지기 시작한답니다.

그러기에 이제는 만나는 모든 사람들에게 반드시 생각을 바꾸어야만 미래가 바뀐다는 진리를 전하게 되었습니다. 새로운 원고를 정리하고 새로운 책을 출간하려 준비할 즈음에 스승님의 설교를 통해 듣게 된 것이 바로 "생각을 바꾸면 미래가 바뀐다"였습니다.

한참을 망치로 머리를 맞은 듯 혼자 묵상하고 되뇌이며 '맞다, 이제는 미래를 바꾸기 위해 우리들의 부정적인 생각을 바꾸어야 하는 일이 첫 번째 시작이겠구나' 라는 생각을 했습니다. 아무리 습관을 바꾸자고 외쳐도 행동으로 옮기기 전부터 의심을 가진다면 아마도 얼마 못가서 "거봐, 나는 안 돼. 한다고 될까?" 라는 의심만 커져가고 오히려 시작을 안 한 것보다도 안 좋은 결과를 가져올 수도 있기에 무엇보다도 내 안에 자리 잡고 있는 생각을 먼저 바꾸어야 할 것입니다.

   할 수 있다, 하면 된다, 해보자. 유명한 복음성가의 가사처럼 할 수 있기에 하면 되기에 이제는 해보자라고 자신에게 다짐해보고 주변의 많은 가족들과 친구들에게도 내 생각을 바꾸고 다시금 도전하며 시작하고 싶다는 결단을 먼저 해야 할 것입니다.

   올 봄부터 준비한 이번 책은 지난 번과는 다르게 전혀 긴장이 되지 않고 어떻게 시작해야 할지 몰라서 그저 시간만 무작정 흘려보내고 있었는데 생각을 바꾸면 미래가 바뀐다는 가르침 덕분에 '이제는 시작해야 하겠구나' 라는 생각을 가지게 되었고 지난 번과는 조금 다른 방향으로 새 책을 준비하게 되었습니다.

   다음 세대인 청소년들과 청년들 한 명 한 명에게 이제부터라도 생각을 바꿔서 다가오는 미래를 바꾸어 보자고 설득하여 반드시 미래에 좋은 리더가 될 좋은 생각의 지도자를 기다려보려고 합니다.

　누군가는 5년 동안 충고를 들어도 5분도 못가고, 누군가는 5분만 이야기를 해줘도 50년, 평생이 달라지는 지혜로운 사람들도 있기에 부모님들은 자녀들에게 지속적인 잔소리로 스트레스만 받게 할 것이 아니라 지금부터는 생각을 바꾸어 자녀와 다음 세대들의 미래 그리고 한국교회의 미래가 바뀌도록 최선을 다해야 할 것입니다.

　여기에 쓰인 모든 글들은 늘 패자의 인생으로 살아가다 다시 만나게 된 주님의 은혜와 믿음이 독한 스승님 아래에서 지난 5년 간 다시 복음을 배워가며 하나하나 바꾼 생각의 결과물들을 적은 것입니다. 혼자 간직하기에는 너무도 소중하고 생명과도 같은 승자의 인생으로 바뀐 기적 같은 삶의 변화를 용기를 내어 다

시 한 번 세상에 내어놓게 되었습니다.

　단 5분이라도 시간을 내어서 읽은 구절 중에 은혜가 되는 부분이 있다면 그것으로 끝내지 마시고 한 번 더 묵상하고 삶에 적용하여 반드시 미래를 바꾸어가는 시작이 되시기를 축복합니다. 이제 생각을 바꾸는 첫 장을 시작합니다. 이제 미래가 바뀌는 첫 장이 시작됩니다. 저도 여러분도 바뀌는 생각만큼 미래가 바뀔 것입니다. 5분이면 가능한 일이랍니다. 함께 만나고 함께 나눌 수 있어서 감사하며 행복합니다. 모든 영광 하나님께!

　　　　　　　　　　　　　　　　　　　번개탄 목사
　　　　　　　　　　　　　　　　　　　임우현

Contents

시작하며 … 4

01 변화

시작… 14   예상치 못한 현실… 16   불안함… 18   결과물… 19
만남… 20   항복… 22   내려놓음… 23   회복… 24   변화… 25
지경을 넓히심… 27   다시 시작… 28   사역의 2막… 30
간증… 32   감격… 34   기대… 36   원리… 37   배우고 배웠노니 배웠노라… 39

02 승자와 패자

본업의 습관-정신차리재!… 42   하나님께 기억되는 습관-바른 예배… 46
준비의 습관… 51   행동의 습관… 55   발전의 습관… 59
은혜를 유지하는 습관… 62   예수님께 미치는 습관… 65   하나님의 뜻을 아는 습관… 69
능력의 습관… 72   사단의 미끼에 걸리지 않는 습관… 75   약점의 습관… 80
행복의 습관… 84   선택의 습관… 88   특따가 되는 습관… 91   경고에 대처하는 습관… 95
나쁜 습관 고치는 습관… 99   공부의 습관… 103   물질의 습관… 106
리더의 습관… 109   진실 되게 기쁨으로 살 수 있는 습관… 112   평안의 습관… 116
더 새롭게 변화되기 위한 습관… 118   일꾼의 습관… 121
대가의 습관… 125   어둠을 이기는 습관… 129

03 잠언 따라가기

나이에 맞는 삶… 134   입술에 파수꾼을 세우자… 137   내가 자주 쓰는 말은?… 141
굳어진 양심을 말랑말랑하게… 144   실패… 148   숨겨진 후회를 꺼내보자… 153
내 마음은 하나님 것… 156   불안함-맡기자! 맡기자! 맡기자!… 159
내 안의 숨겨진 욕심을 찾아라… 163   계획의 습관… 166   세 가지 모두 받자… 171
하나님의 도움 받으려면… 175   예수 잘 믿는 법… 180

04 새벽묵상

말이 마음입니다… 186   걸음이 거름이요… 188   신나게 여행합시다!… 189
유쾌 통쾌 상쾌… 190   더 똑똑합시다… 191   늘 충만! 최고 충만!… 192
끝까지 져주십니다… 193   최고 충만이 축복 충만이요… 194   답을 위하여 총동원이요… 195
답으로 스타가 됩시다… 197   복음은 천국축제이다… 200   답이 은혜 받은 자요… 202
답을 향해 밀어 붙여!… 205   답은 문제가 문제 되지 않습니다… 207
답만 뽑아서 훈련을 치자… 209   모르고 한 일이 답이었습니다… 211
답으로 답을 끌어내립시다… 215   그대로 통과 받는 답이요… 216   답은 사실이고 현장입니다… 218
열매의 순서입니다… 220   열매의 시작입니다… 222   어둠이요 빛이요 광명이요… 224
행복바이러스입니다… 225   은혜의 천재가 됩시다… 227   인정해야 통과 받습니다… 228
신상품이요 폐기처분이요… 229   천하무적 임우현… 230   듣고 순종하고 웁시다… 232
계속 받아야 늘 충만입니다… 234   늘 밤이요 늘 광명이요… 235   종점이요… 236

에필로그 … 238

01 / 변화

시작

1994년 5월 1일
군에서 막 제대한 24살의
나이로 징검다리 선교회를
시작했습니다

그때는 하고 싶은 것이
너무나도 많았던 시절이었습니다
하나님을 위해서
다음 세대를 위해서
제게 주신 사명의 길을 위해서

기독교 문화를 만드는
찬양 콘서트로
주님을 만나게 하는
방학 중 문화 캠프 사역도

문서로 복음을 전하는
문서 사역도

방송으로 복음을 전하는
영상 사역들도
오직 영혼을 구원하기 위한 신념으로
사명에 가득 찬 열정으로
20대와 30대를
징검다리 사역으로 달렸습니다

예상치 못한 현실

그런데 그렇게

시작된 사역은

시간이 흐를수록

예배를 위한 콘서트 후 남는 것은 어마어마한 부채들

캠프를 할 때는 많은 인원을 동원해야 한다는 부담들

방송사역 중에는 나도 모를 교만함이 커지고

문서사역 중에는 많은 인쇄비와

전도 집회 후에는 남겨지는 아쉬움만

늘어가게 되었고

징검다리 선교회 사역 10년이 지난

35살의 나에게 남은 것은

3억 원이 넘는 부채와

책임져야 할 여러 명의 직원들

하루하루 피곤에 찌든 육체와

돌아볼 수 없는 가족들

일 인지 사역인지

구분하지 못하는 하루하루의 시간 속에

불안함

어느 순간부터 사람들에게
기도하라고 말하면서도
기도해도 안 될 것 같은 불안함이 내게 자리 잡았고
기뻐 찬양하라 말하면서도
단지 분위기에 빠져서 부르는 노래가 되었고
말씀에 순종하라고 말하면서도
성경을 펼쳐도 보이지 않던
하나님의 말씀들

결과물

어느 날부터 저는 물질의 파산자로

육체적으로 무기력한 자로

영적으로 어두운 소경으로

변해버린 전도사로

선교회 대표간사로

한 자매의 남편으로

한 아이의 부끄러운 아빠로

변해버렸습니다

만남

그렇게 하루하루 영육이 말라가던 내게
어느 날 만난 한 목사님은
두 눈이 죽어 있다며
해주신 진심어린 한마디

"예배를 드리세요"
그 말에
누군가에게 내 상태를
들킨 것 같은 창피함과
사역자로서 무시당한 마음에
항변하다시피 내 뱉은 말은

"저 예배드려요"
방송도 다 복음 방송이고
신학대학에서 강의도 하고

예배 인도도 많이 하는
사역자이고 거의 매일
예배를 드리고 있습니다

그때에 아주 조용히
제게 해주는 진심이 느껴지는
한마디 말씀
일처럼 하는 예배 말고
진심으로 무릎으로 회개하고
하나님을 만나는 예배를 드려보라 하십니다

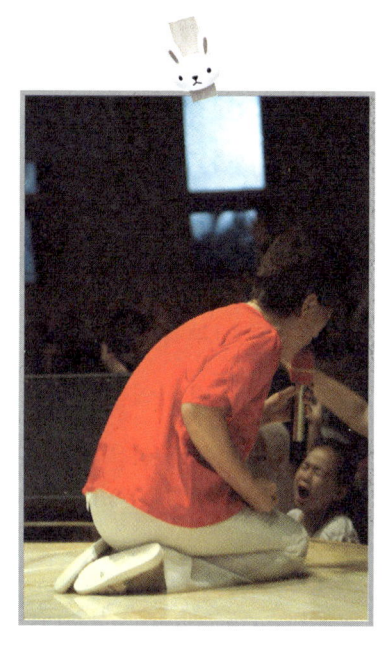

항복

그 말에 항복을 했습니다
20살부터 35살까지
청소년 사역을 하겠다고
하나님의 일을 한다고 외치며 살아왔던 15년의
세월을 돌아보며

그 동안 내가 해오던 모든 사역은
하나님의 이름을 빙자해
내가 하고 싶었던 욕심이었고
스스로 할 수 있을 것 같은 교만이었으며
내가 살기 위해 외쳤던 허상들이었다고
고백하게 되었고
그때부터 목숨처럼 여겼던
모든 일을 내려놓고
진짜 예배의 자리로 돌아오게 되었습니다

내려놓음

징검다리 선교회 사무실을 내려놓고

하고 있던 방송과 강의 사역들도 다 내려놓고

만나고 교제하던 모든 동역자들과의

연락도 끊고

일 년 가까이 회개하고 금식하며

다시 말씀을 배우며

주님과의 첫사랑을

회복하기 원했고

제게 주신 사명이 무엇인지

다시 찾아 가며

주님 주시는 평안과 기쁨을

회복하기 시작했습니다

회복

물질의 부채는 부끄럽지만
청주지방법원에서 아내와 함께
법적 파산과 개인회생 신청을 통해 해결해가기 시작했고

그동안 쌓인 육체의 피로는 정상적인 생활 리듬과
운동들을 통해 조금씩 회복하게 되었고

메말랐던 영적 고갈은
예배를 통한 말씀과
부르짖는 기도와
감당 못할 찬양의 은혜로
솟아나는 은혜의 생수로
말랐던 영혼의 우물을 채워가기 시작했습니다

변화

아무것도 변하지 않은 줄
알았습니다
아무것도 한 것이 없는 줄
알았습니다
아무것도 할 수 있는 게 없을 줄
알았습니다

그러나 어느 날 부터 저에게
놀라운 변화가 생기기 시작했습니다

어느새 예배는 제게 사역이 아닌
사명이 되었고 삶이 되어
기도는 호흡이 되었으며
매일을 중보자들의 기도로
살아가게 되었고

찬양은 콘서트가 아닌 주님께
영광의 도구가 되어 주님을 높이며
천국 찬양은 저의 것이 되었습니다

성경 속의 검은 글씨들은
제 삶 속에서 살아 역사하기
시작하더니 어느새 그 말씀들이
저의 하루하루를 이끌어 가기
시작했습니다

지경을 넓히심

그러다 주어지는 한 번의 집회사역에
제가 받은 말씀과 은혜를
생명 다해 전했더니 그 말씀은
영혼들에게 영향을 주기 시작했고
그들의 변화된 삶은 간증으로 들려지기
시작했습니다

그렇게 한 걸음 한 걸음 주님은
제 사역의 지경을 넓혀주셨고
"내가 새일 곧 은비의 일을 보이리라"는
이사야 48장의 말씀을 통해
그 동안 전혀 경험하지 못했던 일들을
수많은 사역의 현장에서
놀라운 "은비"의 기적을 행하기 시작하셨습니다

다시 시작

그렇게 조금씩 변해가던
저에게 스승 목사님은
다시 준비해서 다시 시작하라는 조언을 해 주셨습니다

신학대학을 다니고 목회대학원을
다니며 주의 길을 간다고 열심히 준비해서
목사가 되었지만
내가 하고 싶은 공부와
내가 걷고 싶었던 사명의 길을
찾아서 걷는 것이 아니라
다시 하나님 앞에서
내 꿈의 신을 벗고
겸손히 주님이 허락하시는
광야로 걸어 들어가
구름기둥에는 전진하고

불기둥에는 멈추며

하늘에서 내리는 만나를 기다리고

바위에서 솟아나는 생수로 목을 축이며

주님이 보여 주시는 홍해의 기적을

바라보며 주님의 높고 광대하심을

직접 경험하는 하나님의 자녀로

다시 시작하는 것이 더 빠른 길임을 알려 주었습니다

사역의 2막

다시 준비!! 다시 시작!!

그렇게 제 삶에서 사역의 2막이 시작되었고

지난 3년간 매일 마다 두세 번씩 드려지는 예배에서

맨 앞자리를 사수하고

평생에 듣던 말씀 듣고 또 들으며

색깔 펜으로 밑줄 쳐가며

말씀을 배우기 시작했습니다

평소의 제 목소리를 잃어버릴 정도로 부르짖고

손바닥에 상처가 생길 정도로 박수치고 부르는

찬양의 기쁨에 빠져

저도 모르게 3년의 시간을 그렇게 순식간에 보냈습니다

그 동안 나의 삶의

습관에서는 도저히 상상할 수 없었던

내가 하고 싶은 것이 아닌

하나님이 이끄시는 대로 따라가는 시간들

아무것도 하지 못하고 혼자만 다른 사역자들

중에서 뒤쳐지는 것 같은

시간의 압박 속에서도

하나님이 주신 마지막 약속이 있기에

살고 싶고 다시 회복하여

변화하고 싶은 마지막

몸부림들이 있기에 짧고도 길었던

3년의 시간이 흘러 어느새

제 나이 41살이 되어버렸습니다

간증

2012년 4월

CTS 기독교 TV "내가 매일 기쁘게"

CBS 기독교방송 "새롭게 하소서"와

극동방송 등 여러 매체들을 통해

그동안 저에게 일어난

예배를 통한 변화와 도전의 모습들을

간증을 통해 전하며

주님께 영광을 돌릴 수 있는

시간들을 허락하셨습니다

일 년이면 600회 이상의

예배를 섬기며 한국교회와

다음 세대를 살리는 복음의 징검다리의

삶을 살아가게 하셨습니다

전혀 풀리지 않을 것 같던 '물질의 파산' 이라는 홍해는
주님이 주신 예배의 지팡이를 통해 갈라지기 시작하고
막막했던 부채의 고통은
홍해의 강을 가르신 하나님께서
해결해 주기 시작하셨고

20년간 기도해도
허락되지 않았던 가정의 복음화는
한 명씩 변화되어
저의 소원이었던 어머니까지도
무당의 딸에서 세례를 받게되는
놀라운 기적을 맛보게 하셨습니다

감격

아무 것도 못한 줄 알았는데
아무 것도 못할 줄 알았는데
내 것을 모두 다 내려놓고
하늘 문이 열리고 우물 물이 솟아나는
예배를 통해서 기다렸더니

모든 것을 할 수 있는 능력과
모든 것을 할 수 있는 배짱과
모든 것을 할 수 있는 은혜를
허락하시는 주님을 만나게 되었습니다

감당할 수 없는 은혜와 긍휼에
매일의 삶과 사역이 감사이고
감격이기에 이 놀라운 은혜를
전하지 않을 수 없어

오늘도 이 나라, 세계 열방을
쉬지 않고 다니며 복음을
전하게 되었습니다

말하지 않으면 안 될 것 같은 답답함에
방송사역을 하게 되었고
남기지 않으면 후회할 것 같아서
글을 쓰는 사역을 하게 되었고
전하지 않으면 가슴이 불붙는 것 같아서
집회를 하러 다니게 되었습니다

기대

이렇게 변해버린 제 모습에
제 자신도 놀랄 때가 많지만
더 놀라운 사실은 지금까지
변해버린 모습보다
앞으로 변할 모습을
더 기대하고 기대하기에
하루하루의 시간들 속에서
더 놀라운 하나님의 역사들을
바라보고 있습니다

크다면 클 수도 있지만 어릴 적부터
몸에 밴 아주 작은 습관들을
하나하나 바꾸어간 노력 속에
이루어진 결과물 임을 알게 됩니다

원리

봄철에 작은 씨앗을 뿌리고
무더운 여름에 비료를 주며
잡초를 뽑아가며 힘겹게
가꿔온 농작물이

모진 비바람과 태풍의
고비들을 잘 이겨내고
풍성한 가을의 수확을 얻어내듯이
이제 작은 믿음의 씨앗을 뿌려
닥쳐오는 수많은 위험들을 이겨내고
삶의 크고 작은 태풍들을
잘 이겨내고 창조의 원리대로
잘 자라만 준다면 그것만으로도
마지막 날에 하나님께서 우리에게
예비해 놓으신 놀라운 열매들을

거둘 수 있는 시작이 될 것입니다

이제 그 동안의 제 삶과 사역에
변화를 주었던 가르침들을
하나하나 나누려 합니다

배우고 배웠노니 배웠노라

평생 배워도 모자랄 가르침 속에

저의 스승님이 지난 3년간

아무 조건 없이

가르쳐 주셨던 내용들을 방송으로 나누고

사역지에서 나누었던 내용들을

하나하나 풀어 나갈 것입니다

제게 일어났던 자그마한 변화 속에

놀라운 역사들을 함께

누리시기를 소망하며

축복 합니다

그리고 다 같이 외쳐보고 싶습니다

세상 속으로! 그리고 습관타파!

매주 마다 매일 마다의

주인공이 될 것입니다

02 / 승자와 패자

본업의 습관-정신 차리자!

정신 차리고 바짝 따라가는 습관

은혜를 받으려면 믿음의 사람 뒤에 바짝 붙어 있어야 합니다. 모세가 출애굽을 할 때 세 부류의 사람들이 있었다고 합니다. 모세 바로 뒤에 붙은 사람들, 중간에 따라 나온 사람들, 맨 뒤에 간신히 나온 사람들. 장정만 60만 명이니 엄청난 인파입니다. 누가 가장 많은 것을 보게 될까요. 바로 맨 앞에 있는 사람들입니다. 그들은 모세 옆에서 기적을 실시간으로 다 봅니다. 홍해가 갈라지고, 만나와 메추라기가 몰려오고, 반석에서 물이 터지는 것을 눈앞에서 봅니다. 출애굽의 엄청난 역사에 감격을 하며 신나게 갑니다. 중간에 있는 사람들은 어떨까요? 뭔가 들리긴 들리고, 보이긴 보이는데 나중에 확인하게 됩니다. 소식을 듣고 놀랍니다. 맨 뒤에 있는 사람들에게는 보이는 게 없습니다. 따라가긴 하지만 늘 불안합니다. 하나님의 기적과 역사를 멀리서 봅니다. 그래서 우리는 예수님 뒤에 모세 뒤에 바짝 붙어가야 합니다. 정신을 바짝 차리지 않으면 밀릴 수가 있습니다. 하나님의 일하심을 더 가까이서 봐야 하지 않겠습니까?

본업에 충실하자

정신을 차리고 바짝 붙어 있으려면 일단 본업에 충실해야 합니다. 그러려면 우선 자신의 본업이 무엇인지 알아야 합니다. 우리의 본업은 예배입니다. 하나님께서는 우리를 영광 돌리는 자로 이 땅에 부르셨습니다. 내가 수능을 보든, 결혼을 하든, 취업을 하든, 일단 본업인 예배에 충실해야 됩니다. 학원에 가느라 예배를 못 드리고, 시험 보느라 예배를 못 드리고, 취업 때문에 예배를 못 드린다는 사람들은 모두 본업은 뒷전이고 부업에만 열심인 겁니다. 두고 보세요. 본업에 충실하지 않으면 부업은 더 어렵게 되는 일을 겪습니다. 운동선수가 금메달을 따고 연습은 뒷전이고, 인터뷰만 많이 하고, 광고만 열심히 찍었는데 다음 예선에서 떨어지면 수치를 당하게 됩니다. 가수가 예능 프로그램에서는 정말 웃기는데 노래를 못하면 망신을 당하게 됩니다. 본업을 잊어버리면 결국 아무 것도 할 수 없게 됩니다. 정확히 내 본업을 알기 위해 정신 차립시다!

본업에 충실하려면 예배에 생명을 걸어야 합니다. 생명 던져 예배를 드리려면 무조건 성령이 충만해야 합니다. 특별히 공개

해 드리는 성령 충만 진단법! 거창한 게 아닙니다. 교회에 일찍 와서 늦게 가면 성령 충만한 사람입니다. 왜냐하면 성령이 충만하니까 주님을 만나고 싶어서 교회에 빨리 오게 되고, 예배 끝나고도 감동과 감격이 넘치니까 끝까지 봉사하고 정리하느라 늦게 돌아갑니다. 성령 충만하지 않고, 시험에 든 사람은 늦게 왔다가 일찍 가는 사람입니다. 지각한 사람은 축도를 마치자마자 뒤도 안돌아보고 나가버립니다. 지금 나는 성령 충만한 사람인가. 내 본업인 예배에 충실하고 있는가. 잘 점검해 보십시오.

본업의 달인이 되라

우리의 본업이 하나님을 예배하는 것이라면 예배의 달인이 됩시다. 하나님 나라를 위해 한 가지 분야에서만은 최고로 잘하는 사람이 됩시다. 아멘의 달인이 되든지, 찬양의 달인이 되든지, 기도의 달인이 되든지, 봉사와 섬김의 달인이 되든지. 한 분야에서만은 최고가 됩시다! 마태복음 6장 33절 말씀 "너희는 먼저 그의 나라와 그의 의를 구하라. 그리하면 이 모든 것을 너희에게 더하시리라." 는 하나님께서 우리에게 주신 은사와 재능을 복음을 위해서 사용하면 나머지는 하나님께서 채우신다는 것을 의미합니다. 우리는 그의 나라와 의를 구하는 것이 사명입니다. 우리를 통해 하나님 나라가 확장 되는 것이 영광입니다. 복음을 돕기 위해서 돈을 열심히 벌겠다는 사람이 있습니다. 그런 사람들에게 꼭 말해줍니다. 먼저 당신이 복음의 나무가 되라고. 그러면 돈은 자연스럽게 따라 옵니다. 하나님 나라가 먼저이면 나머지는 하나님께서 채우십니다. 저는 늘 '하나님, 나에게 말씀을 주세요.' 라고 기도합니다. 영혼 구원을 위해 말씀의 달인이 되는 것이 저의 기도 제목입니다. 내가 아는 말씀이 아니라 성령이 나에게 주시는 말씀을 가지고 다음 세대에 전할 수 있는 말씀의 달인이 되게 해달라고 기도합니다. 오늘도 하나님 나라의 달인들이 무럭무럭 자라길 기도합니다. 정신 바짝 차리고 본업의 달인이 되시기를 강력히 축복합니다.

예배보다 명품은 없습니다. 예배보다 본업은 없습니다.

예배 속에 다 있습니다. 예배가 답입니다.

예배에 생명을 던지면, 기쁨을 뿌리고, 빛을 뿌리고, 희락을 주십니다.

감격 짱! 감동 짱! 행복 짱!

하나님께 기억되는 습관-바른 예배

　얼마 전 '사생팬'이라는 단어가 인터넷에서 크게 화제가 되었습니다. 사생팬은 연예인만 쫓아다니는 팬들인데, 사생활을 침해한다고 해서 사생팬이라고 부릅니다. 그들은 연예인을 너무 좋아해서 사생활까지 다 침해를 합니다. 한 연예인이 사생팬들에게 너무 화가 나서 욕을 했습니다. 욕을 해도 계속 괴롭히니 그 중 한 명을 밀쳤습니다. 그랬더니 인터넷에서 연예인이 어떻게 그럴 수 있냐고 네티즌들이 공격을 하기 시작했습니다. 그 연예인은 결국 더 이상 참지를 못하고 사생팬들한테 당했던 일들을 인터넷에 공개했습니다. 연예인이 해명하자 상황이 180도 바뀌었습니다.

　사생팬들은 일단 좋아하는 연예인이 지나가면 뺨을 때립니다. 아무 이유 없이 뺨을 때립니다. 어떤 친구들은 가방에 돌멩이를 넣고, 맞으면 다치도록 가방으로 연예인들을 칩니다. 그리고 손톱을 길러서 살점을 할퀴는 행동을 합니다. 집 근처에 몰래 CCTV를 설치하는 건 기본이고, 방에 들어가서 기습적으로 뽀뽀를 하고, 심지어 동사무소에 혼인신고를 하려고 인감도장까지 훔칩니다. 택시 요금이 50만 원, 100만 원이 나와도 하루 종일 연예인들을 쫓아 다니고, 악수를 하다가 손가락을 잡으면 손가락 뼈를 부러뜨리기까지 합니다. 방송으로 말 못할 여러 가지 더 심한 사건들도 있습니다. 이렇게 괴롭힘을 당하다가 참지 못해서 화를 내고 욕을 했다고 하니, 팬들과 네티즌들과 여론이 그 연예인들을 동정하게 되었습니다. 사생팬들은 도대체 왜 그런 행동을 했을까요? 그 친구들의 대답이 뭔지 아십니까? "이 오빠들한테 기억되고 싶어서요." 몇 십만 명의 팬들 중에 나를 기억해줬으면 좋겠다는 것입니다. 내 뺨 때린 애, 내 손가락 꺾은 애, 나를 기억해달라고 그런 행동을 했다고 합니다. 없는 게 더 나은 기억을 만드는 것입니다. 다시는 기억하고 싶지 않은 사람이 되어버린 것입니다.

바른 예배를 드리는 사람

누가 뭐래도 하나님께서 기억하시는 사람은 바른 예배를 드리는 사람입니다. 아벨이 그 대표적인 예입니다. 아벨은 딱 한 번의 예배를 산제사로 드렸는데, 그 제사는 지금까지도 믿음의 장인으로 히브리서 11장에 일등으로 기록되어 기억되고 있습니다. 10년 간 예배를 드린 것이 아니고 20년 사역한 것도 아니고 엄청난 예배 운동을 일으킨 것도 아니고, 정성껏 주님께 드렸던 그 한 번의 예배를 하나님께서 지금까지 기억하고 계십니다. 교회를 아무리 오래 다녀도 습관적으로 다니면 아무런 변화가 일어나지 않습니다. 한 번이라도 바른 찬양, 바른 기도, 바른 헌신이 우리 안에 있어야 하나님께서 예배를 받으시고 우리를 기억하실 것입니다. 바른 자세, 바른 마음으로 예배를 드리는 건 누구나 할 수 있습니다. 하나님은 오늘도 당신의 예배를 기억하십니다.

주님을 위해 가장 소중한 것을 드려라

제자들은 옥합을 깨뜨린 여인에게 이 비싼 것을 왜 깨뜨리냐며 화를 냈습니다. 제자들은 차라리 그것을 팔아서 가난한 자들에게 나눠 주라고 말했습니다. 듣기에는 맞는 말입니다. 가난한 자들에게 줄 수도 있습니다. 하지만 이는 예수님의 마지막을 준비하지 않는 말입니다. 예수님이 유월절이 끝나면 돌아가신다고 말씀하셨는데도 제자들은 믿지 않았기 때문에 준비하지 않았던 것입니다.

말씀을 믿고 준비한 이 여인은 아무 말 없이 주님의 발을 눈물로 닦고 옥합으로 적시며 예수님의 마지막을 장식했습니다. 예수님은 복음이 전해지는 모든 곳에서 이 여인의 이야기가 간증이 될 것이라고 말씀하셨습니다. 복음이 끝날 때까지, 예수님께서 기억하시는 여인이 된 것입니다. 사실 12제자 중에도 우리가 잘 모르는 분들이 꽤 있습니다. 그런데 이 여인이 오늘 날까지도 기억되는 것은 최고의 순간에 가장 소중한 것을 주님께 드렸기 때문입니다.

우리는 가끔 오해할 때가 있습니다. 주를 위해 열심히 하는 게 아니라 교회를 위해서 열심히 합니다. 복음을 위해 열심히 하는 게 아니라 내 직업을 위해서 열심히 합니다. 내가 목사니까 열심히 합니다. 하나님이나 복음과 상관없이 열심히 합니다. 어쩌면 우리는 많은 시간과 물질을 주님께 드리지만 정작 가장 소중한 것은 나를 위해서 쓰면서 거기에 예수님은 얹어가지 않나하는 생각이 듭니다.

마태복음 7장 21절에 "나더러 주여! 주여! 하는 자마다 다 천국에 들어갈 것이 아니요. 다만 하늘에 계신 내 아버지의 뜻대로 행하는 자라야 들어가리라"라는 말씀은 정확히 기억된 자만 데려가신다는 것입니다. 아버지의 뜻대로 행하는 자! 아무나 천국에 들어갈 수 없습니다. 하나님께서 기억하시는 예배자로 천국 가는 그날까지 파이팅!

누가 깊고 오묘한 주의 진리의 답이냐? 누구냐? 영적 예배 드리는 사람.

복음의 주인공은 영적 예배를 드리는 사람입니다.

하나님이 총동원 하시면, 하늘이 열리고, 땅이 열리고,

반드시 그 다음이 열립니다.

총동원! 총력전 하여! 역사의 주인공이 됩시다.

준비의 습관

우리는 하나님을 믿습니다. 하나님을 잘 따르고 섬깁니다. 그런데 믿기는 믿는데 발전이 없고, 열심히 하기는 하는데 열매가 없는 상황이면 답답하고 속상합니다. 하나님을 더 잘 믿고 은혜를 받으려면 준비가 필요합니다. 하나님께서 은혜를 주셔야 거침없이 믿어집니다.

창세기 1장 1절. 태초에 하나님이 천지를 창조하시니라.

천지창조를 믿으면 나머진 다 믿어집니다. 천지를 창조하셨는데 무엇을 못하시겠습니까. 천지창조를 제대로 믿지 못하니 내 삶에서 하나님이 안 보이는 겁니다. 천지창조의 하나님을 믿으면, 하나님께서 주신 환경과 외모를 보면서 불평하지 않습니다. 하나님은 왜 나한테만 이러실까 원망하지 않습니다. 하나님의 뜻이 분명하니 무조건 감사가 터집니다. 어떤 문제도 문제가 되지 않습니다. 하나님을 더 잘 믿기 전, 내 마음의 준비는 창세기

1장 1절. 천지창조의 하나님, 하나님이 하셨다는 것을 믿는 것입니다.

주파수를 맞춰라

라디오 방송에서 아무리 좋은 말을 많이 해도 주파수가 안 맞으면 못 듣습니다. 하나님께서는 지금 우리에게 많은 은혜의 말씀을 부어주고 계시는데 하나님과 주파수가 맞지 않으면 하나도 못 듣습니다. 라디오를 듣다가 주파수를 잘못 맞추면 짜증이 납니다. 은혜 받을 때, 하나님의 음성에 내 생각과 욕심이 섞이면 머리가 더 복잡해집니다. 예배를 드리긴 드렸는데 남는 게 없고, 기도를 하긴 했는데 왜 한 건지 모르겠고. 예배 시간을 대충 땜질하듯이 보냅니다. 은혜를 받으려면 정신 차리고 집중하십시오. 정확하게 하나님과 주파수를 맞추십시오. 성경책을 미리 준비하시고, 휴대폰은 끄고, 말씀 전하시는 목사님을 쳐다보면서 아멘 하면서 주파수를 맞춰야 합니다.

최상의 컨디션을 유지하자

운동선수는 5분만 뛰어보면 그 시합의 결과를 몸으로 느낄 수 있다고 합니다. 축구나 야구를 볼 때에도 초반 경기만 보면 어느 팀이 이길지 관객들은 느낄 수가 있습니다. 컨디션이 좋은 선수가 대세를 몰아가기 때문입니다. 운동선수들은 시합 전날 최고의 컨디션을 만들기 위한 준비를 합니다. 먹는 것, 자는 것, 쉬는 것 모두 시합 시간에 맞추는 것처럼 우리도 은혜를 받기 위해 최상의 컨디션을 만들어야 합니다. 1년 365일 날마다 성령충만을 위한 철저한 준비가 필요합니다.

우리가 수련회나 부흥회를 마치고 성령충만해지면 주위에서 공격이 옵니다. 내가 변하려고 하면 친구들과 가족들은 안하던 짓 한다고 비웃습니다. PC방, 노래방에 안 간다고 왕따를 시킵니다. 은혜를 유지하고 성령충만하려면 공격을 탁탁 막을 수 있어야 합니다. 고수와 하수의 차이점을 아십니까? 고수는 화살이 날아오면 한 번에 탁탁 막지만, 하수는 한 번에 맞고 쓰러집니다. 받은 은혜를 잘 유지하는 고수가 됩시다.

배우고, 배웠노니, 배웠노라

은혜는 언제까지 받아야할까요? 걱정이 안 될 때까지, 기쁨이 올 때까지, 이전 것이 생각나지 않을 때까지 받아야 합니다. '성령충만' 하면 사도 바울이 떠오릅니다. 복음 덩어리인 사도 바울에게는 성령충만의 비결이 있습니다. 사도 바울의 고백은 '배우고, 배웠노니, 배웠노라' 당대 최고 지식인의 수제자이자 율법을 완벽하게 지켰던 슈퍼 엘리트, 성령충만한 사역자인 사도 바울이 누구에게 무엇을 더 배우겠습니까. 성령이 스승되셔서 진리를 가르치시니, 그분의 마지막 고백은 늘 배우는 것입니다. 겸손한 마음으로 배우고 또 배워서 멋지게 준비하여 복음의 일꾼으로 쓰임 받는 여러분이 되시기를 축복합니다.

사단이 아무리 극한 상황을 만들어도, 나를 쳐서 극한 결단을 하면 하나님의 극한 도우심이 있습니다. 주님이 나를 택하셨으니 나는 준비만 잘하면 됩니다. 하나님 나라를 잘 준비하면, 하나님께서 다 책임지십니다.

행동의 습관

뉴스 보는 게 무서운 시대입니다. 흉흉한 소식이 점점 더 많이 들려옵니다. 아무리 많이 가진 사람도, 아무리 유명한 사람도 자살을 선택한다는 뉴스가 들립니다. 어둠에 사로잡힌 영혼들. 누가 이들을 구하러 갈까요? 영혼을 살릴 수 있는 사람은 바로 당신, 믿음의 사람입니다. 당신이 5분 대기조가 되어야 합니다. (5분 대기조란? 언제나 항상 완전 무장! 5분 안에 출동한다.) 믿음의 사람이 빨리 빨리 행동하지 않으면, 어둠에 사로잡힌 영혼들을 구할 수 없습니다. 영혼을 위한 5분 대기조가 되어 영혼 구원의 응급대원으로 빠르게 행동하려면 어떻게 해야 할까요?

전진합시다.

절대 뒤를 돌아보지 맙시다. 돌아보면 빨리 갈 수 없습니다. 앞만 보고 달려야 빨리 행동할 수 있습니다. 출애굽한 이스라엘 백성 60만 대군 중 여호수아와 갈렙만 애굽에 들어갔습니다. 왜 단 두 명만 가나안 땅에 들어갈 수 있었을까요? 그 이유는 나머지 사람들이 자꾸 뒤를 돌아봤기 때문입니다. 하나님만 봐야 되는데, 환경을 보고, 상황을 보고 불평한 사람들. 가나안 땅에 들어가려면 빨리빨리 싸워야 되는데 기존에 있던 사람들이 불평하고 원망하니 하나님께서 그들을 빼버리십니다. 우리도 예수님을 바라보고 주신 사명대로 살아야하는데 자꾸 뒤를 보면서 세상을 걱정할 때가 많습니다. 주님을 더 크게 바라봅시다. 당신의 사명, 당신을 기다리고 있는 영혼들을 기억하세요.

결단합시다.

두 명의 아이가 있습니다. 똑같이 두 시간 공부하고, 두 시간은 게임을 했습니다. 그런데 한 아이는 공부를 잘 하고, 한 아이는 공부를 못합니다. 왜 그럴까요? 공부를 잘 하는 아이는 공부를 먼저 하고 게임을 합니다. 공부를 못하는 아이는 게임을 하고 공부를 합니다. 공부를 먼저 하는 아이는 머리가 맑은 상태에서 공부를 하니까 더 집중해서 잘 하고, 게임을 먼저 하는 아이는 게임하면서 머리가 복잡해진 상태에서 공부하니 집중력이 떨어져 잘 될 수가 없습니다. 공부할 때도 결단을 해야 합니다. 중요한 것 먼저! 아무리 하고 싶은 것이 있어도 우선순위 지키기. 다른 일이 하고 싶어도 예배 먼저 드리고, 기도 먼저 합니다. 결단을 하면 우선순위는 저절로 지켜집니다.

하나님은 우리에게 항상 말씀하십니다. 문제로, 상황으로, 환경으로 말씀하십니다. 하나님의 사인을 보고 빨리 빨리 행동해서 나를 고치면 습관도 바뀌고 미래도 바뀌고 일석이조입니다. 여름수련회를 마친 후, 박스를 하나 받았습니다. 한 친구가 은혜를 받고 그동안 좋아했던 연예인의 CD와 사진을 모두 보냈습니다. 은혜를 받고 찬양의 삶을 살고 싶은데, 자꾸 가요를 듣게 되어 목사님께 보내드리니 기도해달라는 내용의 편지와 함께였습니다. 편지를 읽고 참 감사했습니다. 은혜 받은 것을 바로 행동으로 실행하는 결단. 미루지 않는 그 결단력이 그 친구의 미래를 바꿀 것을 확신합니다. 빠르게 행동하려면 빠르게 결단해야합니다. 지금 당장 결단합시다.

말씀이 아무리 좋아도 듣는 데서 끝나면 안 됩니다.
복 받을 사람은 무릎 꿇기 시작합니다. 부르짖기 시작합니다.
통과 받읍시다.
할 수 있는데도 안하는 사람은 벌 받는 사람이고,
할 수 없는데도 하는 사람은 복 받는 사람입니다.
많이 알고도 행하지 않으면 많이 맞습니다.

위로부터 온전한 선물인 여호와의 신, 지혜의 신,

총명의 신이 내게 임하면 하나님이 나를 간섭하시고,

지시하시고, 분별의 은사를 주셔서 인정하고,

배우고 또 배우는 사람. 말씀대로 행하는 사람에게는 하나님이 일하십니다.

그대로 되리라! 부흥이 일어난다! 기적이 일어난다!

발전의 습관

한 마디 대화에 믿음과 의심이 있습니다. 한 마디의 대화에 겸손과 교만이 있습니다. 한 마디의 대화에 천국과 지옥이 있습니다. 짧은 대화에 엄청난 것이 담겨 있다면 우리가 사람을 만나 대화를 나눌 때 말을 조심해야 합니다. 은혜를 받으면 모든 것이 변합니다. 언어가 바뀝니다. 행동이 바뀝니다. 생각이 바뀌고, 습관이 바뀌는데. 습관이 바뀌면 내가 변하고 발전하게 됩니다. 어떻게 해야 발전할 수 있을까요?

인정해라

나쁜 습관을 인정해야 다음으로 나갈 수 있습니다. 고집이 있는 사람은 잘 변하지 않습니다. 아프다고 인정을 해야 병원에 가고, 모른다고 질문을 해야 답을 알 수 있습니다. 잔병치레를 많이 하는 사람들이 오히려 오래 삽니다. 자신이 약하다는 것을 인정하고, 자주 병원에 가서 진단을 받고, 치료를 받습니다. 하지만 건강하다고 자만하는 사람들은 방심하다가 오히려 큰 병을

키워서 결국 손을 쓸 수 없게 됩니다. 따라서 인정해야 합니다. 부족한 것과 약한 것. 인정하면 고칠 수 있고, 채울 수 있습니다.

배워라

배워야 발전이 됩니다. 지금 배우는 만큼 앞으로 잘할 수 있고, 발전할 수 있습니다. 나이와 상관없고, 실력과도 상관없습니다. 전교 일등이 배우는 것은 소중하고, 전교 꼴찌가 배우는 것은 하찮다는 뜻이 아닙니다. 전교 꼴찌라도 발전할 수 있는 것을 배우면 그것은 진정한 성공의 밑거름이 될 수 있습니다. 제가 몸 담고 있는 하늘스쿨 친구들에게 영어 공부를 강조합니다. 세계와 열방에서 쓰임 받는 일꾼이 되기 위해 반드시 필요하기 때문에 영어를 다른 과목보다 집중적으로 공부하게 합니다. 저는 학생들이 영어가 많이 부족하다고 늘 생각했습니다. 그런데 검정고시에서 의외의 결과가 나왔습니다. 거의 모든 학생이 영어 과목에서 제일 높은 점수를 얻었습니다. 이 일을 보면서 사람은 배우는 대로 결과가 나오는 구나. 시간을 투자하고, 열정을 투자하고, 마음을 투자한 만큼 결과가 나오는 것을 다시 깨달았습니다. 지금 발전하고 싶다면 오늘 가장 시간을 많이 투자한 배움이 무엇인지를 따져 보십시오. 피곤하다고 잠만 자면 더 피곤해지고, 배고프다고 자꾸 먹으면 위만 늘어납니다. 저는 말을 많이 하다

보니까 말이 자꾸 늘어나는데 이제 내 말은 빼버리고 예수님 말씀을 넣으려고 최선을 다하고 있습니다.

겸손하면 빠르게 갈 수 있습니다. 낮아지면 성령이 더 역사합니다. 하나님께서는 우리를 다치게 하는 게 목적이 아닙니다. 우리 죄를 들추시려는 게 목적이 아닙니다.

가르치소서! 깨닫게 하소서! 소성케 하소서!
끝까지 지키리이다!
전심으로 지키리이다!
항상 영영히 끝없이 지키리이다!

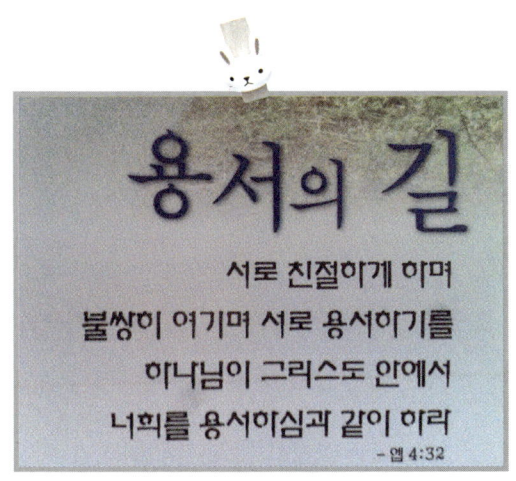

은혜를 유지하는 습관
-나에게 주어진 것을 지키는 습관

일등을 하는 것보다 어려운 것은 일등을 지키는 것!
우승을 하는 것보다 어려운 것은 우승을 지키는 것!
은혜를 받는 것보다 어려운 것은 받은 은혜를 유지하는 것!

말을 조심하자

소문난 맛 집에서 손님을 끌기 위해 가장 신경을 쓰는 것은 식자재입니다. 싱싱한 재료가 있어야 최고의 요리가 나올 수 있습니다. 내 마음의 은혜를 지키기 위해서 우리는 언어라는 재료에 신경을 써야합니다. 부실하고 상한 재료로 절대 맛있는 요리를 만들 수 없듯이 나쁜 말과 거친 언어로는 절대 내 안의 은혜를 지킬 수 없습니다.

아무 생각 없이 별 뜻 없이 내 뱉는 말 한 마디가 분위기를 망칠 수 있고, 다른 사람의 가슴에 칼을 꽂을 수도 있고, 미래를 망칠 수 있습니다. 하나님께서 모세에게 가나안 땅을 정탐하라고 명하셔서 12명의 정탐군이 가나안 땅을 정탐합니다. 12명 중에서 2명만 빼고, 나머지 10명은 모두 불평을 합니다. 그 10명의 원망과 불평이 60만 명에게 다 퍼졌고, 많은 이들을 가나안 땅에 들어가지 못하게 합니다. 부정적인 말 한마디로 인해 백성들이 약속의 땅에 들어갈 기회를 놓치게 만든 것입니다. 사단에게 정보를 제공하지 않도록 말조심 합시다.

살리는 말을 해보자

수술실에 들어가는 환자의 생존율이 5%일 때, 한 의사가 이렇게 이야기 합니다. "이번 수술의 가능성은 5%입니다. 그러니 죽었다고 생각하세요." 이렇게 말하면 환자는 절망하여 수술의 결과는 더 좋지 않게 됩니다. 똑같이 5%의 생존율을 가지고 있지만 "생존율 2%의 환자 중에서도 지금 건강하게 잘 지내고 있는 분들이 계십니다. 5%면 충분히 가능성이 있으니 최선을 다하겠습니다."라고 말해주면 환자가 희망을 갖고 치료를 받게 돼 좋은 결과를 얻을 수 있습니다. 믿을 만한 실력을 갖춘 이의 말 한 마디. 신뢰할 수 있는 사람의 말 한마디가 사람을 살릴 수 있습니다. 나를 지키고, 은혜를 지켜서 영혼을 살리는 말로 건강한 에너지를 전해주면 결국은 그 에너지가 내게로 돌아옵니다. 은혜를 전하면 하나님께서 하늘의 은혜로 나를 더 채우십니다. 은혜를 지키는 건강한 습관, 살리고, 살리고, 살리는 말로 은혜의 통로가 됩시다.

말을 함부로 하는 것이 벌

행동을 함부로 하는 것이 벌

하나님은 말없이 우리 대화를 듣고 계십니다. 정확한 대화를 해야 합니다.

둘이 앉아서 하는 대화도 예배입니다.

내 생각이 성령을 이기지 말게 하소서. 내 습관이 예배를 이기지 말게 하소서.

내가 움직인 발자취를 보며 사람들이 예수님을 믿고 싶게 만들어야 합니다.

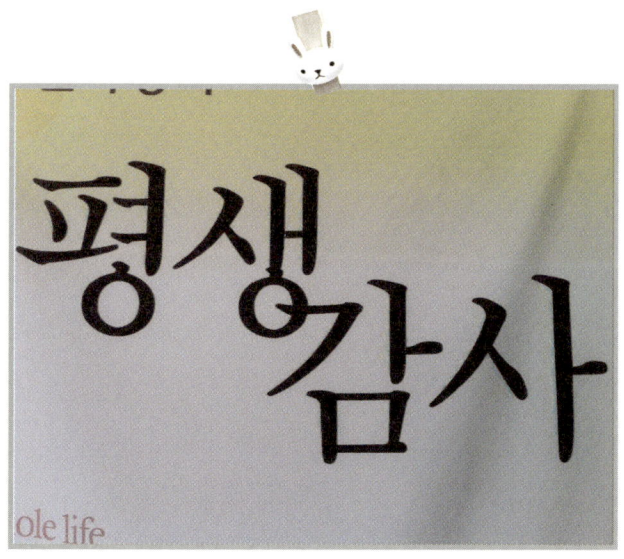

예수님께 미치는 습관

미친 사람의 특징은? 웃는다. 계속 웃는다. 머리에 꽃을 꽂고 다닌다. 행복하다. 집에 불이 났어도 미친 사람은 그냥 웃는다. 그런데 잘못 미치면 불행합니다. 돈에 미쳐서 돈이 아무리 많아도, 공부에 미쳐서 아무리 똑똑해도, 아닌 것에 미치면 인생이 꼬입니다. 요즘 사람들은 돈에 미쳐가고 있습니다. 아파트 평수에 미치고, 명품에 미쳐가고 있습니다. 잘못 미치니까 다른 사람들과 비교하고 낙심해서 불행해지고 이로 인해 자살률이 치솟아 세계 1위의 자살국가가 되어 버렸습니다.

제대로 미쳐야 행복합니다. 복음에 미친 사도들은 세상이 감당치 못할 사람들입니다. 톱에 죽어도 웃고, 스데반 집사처럼 돌에 맞아 죽으면서도 웃고, 당시 사람들 중에서 제대로 미친 사람들입니다. 우리는 먼저 예수님께 미쳐야 합니다. 정신 차리고, 제대로 미쳐서 행복하고 밝게 살아야 합니다. 잘못 미쳐가는 친구들이 있다면 뺨을 때려서라도 정신 차리고 살 수 있도록 도와야 합니다. 잘못 미치면 죽습니다.

정신 차리고 행복하게 미치려면, 내 마음대로 살아서는 안 됩니다. 내 마음대로 살면 내가 하고 싶은 것을 다합니다. 하지만 예수님께 제대로 미치려면 하나님 뜻대로만 해야 합니다. 만약에 제가 돈을 벌고 싶어서 사역을 하면 하나님께서 제가 하는 일마다 계속 안 되게 하십니다. 내 마음대로 하려고 하면 계속 망하게 하십니다. 내 마음대로 살면 내 마음은 돈입니다. 하지만 가롯 유다를 보십시오. 은 30냥 때문에 예수님을 팔아 넘겼는데 그 돈은 써 보지도 못하고 자살하게 됩니다. 무서워서 도망간 베드로. 고기 잡으러 가도 예수님께서는 베드로가 제대로 미칠 때까지 또 찾아가십니다. 부르시고 또 부르셔서, 사랑한다고 말씀하시고 끝까지 쫓아가십니다. 결국 베드로는 죽는 순간에도 십자가에 거꾸로 매달려서 하나님 뜻대로 삶을 마치게 됩니다. 내 마음대로 안 살고, 하나님 뜻대로 살아야 예수님께 제대로 미칠 수 있습니다.

월권을 해서는 안된다.

하나님께서 우리를 지으실 때 사람마다 그 사람에게 맞는 수

준을 허락하셨습니다. 티셔츠를 입고 살아야 되면 티셔츠를 입으면서 행복을 느껴야 합니다. 그런데 꼭 몸에 맞지도 않는 양복을 입으려는 사람들이 있습니다. 경차 인생이면 그걸로 만족해야 하는데 자꾸 욕심을 부립니다. 내 수준이 아니면 안해야 됩니다. 그런데 우리는 자꾸 우리 수준 이상을 생각합니다. 로마서 2장 3절에 마땅히 생각할 그 이상을 품지 마라는 말씀이 있습니다. 나에게 허락하신 것이 아니면 욕심을 부려서는 안 됩니다. 하나님께서는 월권을 싫어하십니다. 예수님께 제대로 미치면 있든 없든 무조건 감사입니다. 성적도 자녀가 할 수 있는 최선의 결과가 나올 수 있도록 도와주면 되는 거고, 집을 살 때도 빚을 져서 과욕하지 않습니다. 꼭 필요하지 않은 것을 왜 굳이 가지려 하십니까. 우리는 그냥 만족하고 감사하며 웃으면서 행복하게 살면 됩니다.

하나님께서는 우리가 맡겨진 자리에서 얼마나 행복하게 사명을 잘 감당했는지를 보십니다. 얼마나 유명해졌는지, 얼마나 돈을 벌었는지가 아닙니다. 마태복음 25장 19절~21절에 "오랜 후에 그 종들의 주인이 돌아와 그들과 결산할 새, 잘 하였도다 착하고 충성된 종아 네가 적은 일에 충성하였으매 내가 많은 것을 네게 맡기리니 네 주인의 즐거움에 참여할지어다"의 말씀은 하나님께서 원하시는 것이 무엇인지 정확히 알려주십니다. 하나님은 몇 달란트를 남겼는지 요구하지 않으십니다. 그것을 가지고 얼마나 충성했는지를 보십니다. 만 명의 성도들이 있는 교회 목사님도 훌륭하시고, 열 명이 있는 교회 목사님도 훌륭하십니다. 청소년 목회를 하든 청년 목회를 하든 맡겨진 달란트대로 잘 남긴 사람이 미치도록 예수만 사랑한 사람이고 그 사람이 행복한 사람입니다. 예수님 믿는 것이 저렇게 기쁘고 행복한 것이구나, 보여주는 사람이 진짜 제대로 미친 사람입니다.

자기를 아는 것은 최고의 행복입니다. 용서 받는 마음으로 빚진 자의 마음으로 살아가는 여호와를 경외하는 사람이 예수님께 제대로 미친 사람입니다. 예수님께 미쳐서 살다보면 무시당할 수 있습니다. 조롱당할 수 있습니다. 아무렴 어때요. 주님 만나는 일에는 무시를 당해도 괜찮습니다. 영권을 받으세요. 영권을 받으면 어떤 문제도 문제 되지 않습니다.

하나님의 뜻을 아는 습관

고난이 답이다

하나님의 뜻을 알아야 바르게 살 수 있습니다. 하나님의 뜻을 알기 위해서 아브라함은 갈대아 우르를 떠났습니다. 이스라엘 백성은 애굽을 떠났습니다. 풍족한 애굽이 좋아 보이지만 떠나야합니다. 부유하고 안락한 집이 있는 갈대아 우르를 답이라고 생각할 수 있지만 하나님의 답은 광야입니다. 하나님의 뜻을 아는 사람은 고난을 자처합니다. 어려움을 작정합니다. 우리는 하나님의 뜻을 알기 위해서 떠나야 합니다. 편하고 안주할 수 있는 자리에서 과감히 떠나는 모험, 고난을 자처하는 시간을 가졌으면 좋겠습니다.

많은 것을 아는 것보다 진리 하나라도 바로 믿는 게 제일 중요합니다. 마태복음 19장 23절 "예수께서 제자들에게 이르시되 내가 진실로 너희에게 이르노니 부자는 천국에 들어가기가 어려우니라. 사람으로는 할 수 없으되 하나님으로만 할 수 있느니라."

는 바로 그러한 진리의 중요성을 강조한 말씀입니다. 누구나 부자가 되길 원하고, 이 땅에서 마음껏 누리며 사는 삶을 부러워합니다. 하지만 이땅에서 많은 것을 소유한 부자는 오히려 천국에 들어가기 어렵습니다. 많은 것을 내려놓아야 하기 때문입니다. 천국은 오직 하나님으로만 갈 수 있습니다.

하나님의 약속을 알자

광야학교에서 약속의 땅을 받았지만, 그곳으로 가는 길은 좁디 좁습니다. 하나님께서 붙들어주시지 않으면 갈 수 없는 길입니다. 광야에서 40년을 돌면서 여호수아와 갈렙만 약속의 땅에 들어갈 수 있었습니다. 장정 60만 명이 다 광야에서 끝났습니다. 여호수아와 갈렙처럼 마지막까지 약속을 믿은 사람만이 들어갈 수 있는 땅이 가나안 땅입니다. 가나안 땅은 싸워서 정복해야 하는 곳입니다. 굳게 닫힌 여리고를 무너뜨려야 하고, 싸워서 승리를 쟁취해야 하는 곳입니다. 약속의 땅은 요동치 않고, 불평하지 않고, 담대하게 전진하고, 생명 던져 싸운 사람들만의 특권입니다. 우리를 향한 하나님의 약속은 무엇일까요. 행복의 약속. 평안의 약속. 은혜의 약속. 축복의 약속. 그 약속을 위해서 광야를 걸어갈 때 기쁨과 감사함으로 하나님과 동행하면서 받은 약속의 땅에 골인~ 하시는 여러분들이 되시기를 기도합니다.

고난을 선택하면 하나님께서 위로와 축복으로 채우십니다. 성령은 나를 그냥 통과시키지 않으십니다. 고난 받은 만큼 총명을 주십니다. 고난의 갑옷을 입으세요. 예수 권세가 내 권세가 됩니다.

능력의 습관

요즘 학생들은 점퍼로 계급이 나뉜다고 합니다. 가격이 25만 원인 점퍼를 입으면 평민 계급입니다. 그리고 30만 원짜리를 입으면 중산계급, 60만 원 정도면 돈 많은 집 날라리, 70만 원짜리를 입으면 대장. 점퍼계의 귀족이라고 합니다. 상황이 이렇다보니 25만 원짜리 점퍼를 입는 학생들은 자신의 처지를 슬퍼하고 속상해 합니다. 또 이 옷을 입으려고 한 시간에 4천 원도 못 받는 아르바이트를 죽어라 하는 친구들도 있습니다. 과연 옷이 능력일까요?

10대, 20대인 분들은 나이가 능력입니다. 하나님이 그 나이에 능력을 갖출 수 있도록 기회를 주셨기 때문에 가난도 고난이 되지 않습니다. 점퍼 때문에 휴대폰 때문에 무시당할 나이가 아닙니다. 많은 어른들은 여러분들 나이로 돌아가고 싶어 합니다. 돌아가서 뭐라도 더 열심히 해보고 싶어 합니다. 특히 하나님께 매달리려고 합니다. 하나님의 능력을 믿기 때문입니다. 나는 준비를 못했지만 하나님이 이미 나를 위해서 예비해 두신 것을 찾으려는 것입니다. 하나님의 능력은 말이 안 되는 것을 되게 하기 때문입니다. 내 안에 성령의 능력이, 하나님의 능력이 임하면 못하는 것이 없습니다. 무슨 일이 있더라도 내 마음에 기쁨과 감사와 감격의 능력. 이것만 있으면 하나님은 무엇이든지 하게 하십니다.

하나님의 능력을 받으려면, 출애굽을 해라

이스라엘 백성들이 하나님의 능력을 받기 위해서는 반드시 출애굽이라는 전제조건이 있습니다. 애굽에서 나와야 하나님께서 준비하신 가나안 땅에 들어갈 수 있습니다. 애굽을 떠나야 애굽에서의 노예 근성, 누가 시키면 하고, 안 시키면 안하는 근성이 고쳐질 수 있습니다. 요즘 친구들은 온전히 예배드리는 것을 못합니다. 예배시간에도 자꾸 딴 짓을 하고, 휴대폰을 만지고, 전화 받으러 나가고. 목사님이 주시는 결정적인 말씀도 딴 짓하다가 못 듣습니다. 사단이 못 듣게 합니다. 예배시간에 하나님의 음성을 못 들으니까 하나님의 능력을 못 받습니다.

온전히 불평의 자리를 떠나고, 욕심과 원망의 자리를 떠나야 합니다. 광야에 나가서 불기둥이 보이면 그냥 멈추고, 구름기둥이 생기면 그냥 달려가고, 40년 동안 딴 짓을 하지 말아야 됩니다. 불평하고 원망하면 약속의 땅은 없습니다. 철저한 출애굽! 출애굽해서 오직 하나님만 쫓아가야 합니다. 하나님만 따를 때, 하나님의 능력이 있습니다.

하나님의 능력을 받으면, 오직 복음을 위해 써라

복음을 위해 받은 능력을 나를 위해 쓰면 저는 반드시 망합니다. 이 모든 사랑과 섬김을 복음을 위해서 써야합니다. 귀족 점퍼를 사려고 애쓰는 게 아니라, 좀 더 잘 되려고 애 쓰는 게 아니라, 오직 복음을 위해서! 그래서 예수님의 가장 강력한 능력은 빈 마음입니다. 내 것이 없어야 됩니다. 오직 하나님 것만, 예수님 것만 있어야 됩니다. 그게 가장 강력한 빈 마음입니다.

힘은 하나님께만!
솔로몬 왕이 일천 번제를 드리며 힘을 하나님께 드렸더니
모든 것을 다 얻었습니다.
하지만 왕이 이방 여인들과 연애했을 때, 힘을 여자에게 쏟았더니
모든 것을 다 잃었습니다.
힘을 하나님께만 향하면 당신은 만점이 될 수 있습니다.

사단의 미끼에 걸리지 않는 습관

믿음의 적은? 의심입니다. 겸손의 적은? 교만입니다. 오늘 나의 상태가 믿음인가, 의심인가, 겸손인가, 교만인가, 한번 돌아봅시다. 사단은 살며시 우리를 유혹합니다. 우리의 빈틈을 노리고 있다가 성공이라는 미끼로 돈이라는 미끼로 우리를 꽉 물어버립니다. 정신을 바짝 차리지 않으면 우리도 모르게 마귀의 미끼로 떨어질 수 있습니다. 유혹에 빠지지 않으려면 어떻게 해야 할까요?

스승님을 만나라

저는 5년 전부터 스승님께 지도를 받고 있습니다. 스승님을 처음 만났을 때, 저는 방송도 진행하고, 집회도 다니고, 신학교에서 강의도 하며 한창 사역을 하고 있었습니다. 그런데 저를 보자마자 하시는 말씀이 "자네 눈은 썩은 동태 눈 같네." 그 말을 들었을 때 자존심도 상하고 기분이 너무 나빴습니다. 사실 그 때 저는 한참 재정적으로 어려움을 겪고 있었고, 믿음도 비전도 다 버리고, 인생의 제일 힘든 시기였기에 그 말씀이 충격이었고 집에 가도 자꾸 생각이 났습니다. 그래서 다시 찾아갔습니다. 내가 썩은 동태인 것을 어떻게 알았냐고 여쭈니, 얼굴에 그렇게 써있다고 대답하셨습니다. 여기서 벗어나려면 어떻게 해야 하냐고 물으니 예배를 드리라고 하셨습니다. 매일 예배를 드린다고 말씀드렸더니, 그렇게 일처럼 드리는 예배 말고 진짜 무릎 꿇고 회개하는 예배, 말씀을 받는 예배를 드리라고 하시는 것입니다. 그래서 그 때부터 진짜 예배를 드리기 시작했습니다. 다 내려놓고 예배를 드렸습니다.

하나님만 의지하고 하나님의 음성만 들을 수밖에 없었습니다. 그렇게 1년 정도 예배를 드린 어느 날 스승님께서 이제부터는 네가 뭔가를 하려고 하지 말고 하나님이 주시면 하고, 네가 하고 싶은 건 하지 말라고 말씀하셨습니다. 그래서 하나님께서 주시는 대로만 하니, 지금은 너무 많이 주십니다. 다 할 수 있을까 싶을 정도로 쏟아 부어 주십니다. 그래서 저는 무엇보다도 만남의 축복이, 지도자를 잘 만나 바른 길로 인도함을 받는 것이 가장 중요하다고 생각합니다.

국가대표나 유명한 프로 팀일수록 감독과 코치가 중요합니다.

감독과 지도자가 누구냐에 따라 내가 축복의 통로가 될 것이냐, 아니면 실수와 저주의 통로가 될 것이냐가 결정됩니다. 엘리사는 모든 것을 버리고 엘리야만 죽어라 따라다닙니다. 엘리야가 곧 승천할 것을 알면서도 무모하게 엘리야만 따라다닙니다. 마지막에 엘리야가 너에게 무엇을 줄까라고 물으니 엘리사가 갑절의 영권을 구합니다. 이 땅에 없는 것, 사람이 사람에게 줄 수 없는 것, 하늘의 것을 엘리사는 받아냅니다. 14번의 기적이 엘리사를 통해 일어납니다. 저도 매일 하나님께 구합니다. 스승님의 영성을 나에게도 달라고 기도합니다.

사명을 귀하게 여겨라

힘들고 어려워도 가야할 길, 좁고 험하더라도 가야할 길을 가면 기쁨이 넘칩니다. 요한은 밧모섬에서 모진 고난을 받아도 하나님의 계시를 통해 받은 사명이 있었기에 기뻤고, 사도 바울은 매를 맞고 감옥에 갇혀도 기쁨이 넘칩니다. 그들에게는 사명이 있었기 때문입니다.

요한복음 21장 18절에 "내가 진실로 진실로 네게 이르노니 젊어서는 네가 스스로 띠 띠고 원하는 곳으로 다녔거니와 늙어서는 네 팔을 벌리리니 남이 네게 띠 띠우고 원치 아니하는 곳으로

가리라." 예수님이 베드로 사도에게 마지막으로 하신 말씀입니다. 젊어서는 네가 원하는 삶을 살았지만 이제 나이 들어서는 네가 원하지 않는 인생을 살게 될 것이라고 말씀하시지만 베드로는 도망가지 않습니다. 그리고 끝까지 순종하다가 십자가에 거꾸로 못 박혀 죽습니다. 마음대로 산다고 행복한 게 아닙니다. 사명의 길을 가는 것이 진정한 행복이자 성공한 삶입니다. 저는 방학이 되면 매일 전국 방방곡곡을 돌아다니면서 쉼 없이 말씀을 전합니다. 몸은 지치고 피곤하지만 오히려 힘이 납니다. 사명! 우리의 사명은 영혼구원이기에 지금 우리가 무언가 누리는 것은 없더라도 하나님의 심부름을 잘하면 새 힘이 넘칩니다. 복음을 전할 때 말씀을 통해 변하는 영혼들을 보면 평생 이렇게 살다 죽어도 여한이 없겠다는 생각이 듭니다. 쓰면 쓸수록 충전이 되는 성령 충만의 코드. 코드가 꽂혀있으니까 언제나 100% 가득 에너지가 줄어들지 않습니다. 우리의 사명을 반드시 기억합시다.

사단의 미끼에 걸리지 않도록 매일 기도합니다.

나의 영혼이 충만하기를. 나에게 희락이 있기를

사단이 해하지 못하도록. 전신갑주를 주시기를.

하나님 나라를 맛보게 하시기를.

깰지어다! 노래할지어다! 일어날지어다!

싸우자! 이기자! 승리하자!

약점의 습관

약한 점을 알아야 한다.

약한 점을 알아야 고칠 수 있습니다. 기도가 약한가. 결단이 약한가. 인내가 약한가. 예배, 희생, 충성이 약한가 반드시 알아야 합니다. 나의 약한 부분에 대한 조언을 들어보십시오. 친구나 선생님들께 저는 무엇이 약한지 가르쳐 달라고 부탁해 보십시오. 좋은 말만 들으려 하지 말고 약한 점도 들을 수 있는 자세가 준비돼야 합니다.

날마다 혼이 납시다. 세상에서 가장 행복한 사람은 간섭받는 사람입니다. 스승과 부모는 간섭을 합니다. 간섭을 받기에 바른 길을 선택해 옳은 길로 갈 수 있습니다. 하지만 쓸데없는 자존심을 부린다면 간섭을 받지 못합니다. 자존심이 센 사람은 스승도, 부모도 없이 자기 생각대로 선택하고 결정합니다. 이런 사람은 자신이 어떤 위치에 있는지 보지 못합니다. 무엇이 잘못되었고 내가 지금 어떤 길로 가고 있는지 객관적으로 알 수 없습니다.

저도 매일 혼이 납니다. 제자들이 앞에 있는데도 혼이 나고, 때로는 부끄럽고 창피하지만 혼이 납니다. 아내에게 혼나기도 합니다. 물론 기분이 상하고 마음이 안 좋아질 수도 있습니다. 하지만 혼나는 것도 사랑받고 있기에 가능한 것입니다.

괜한 자존심 부리지 말고 인정할 것은 인정하십시오. 열등감을 느낄 수도 있지만 이것을 극복하고 자신의 부족한 점으로 받아들이고 고치기 위해 노력하십시오. 열등감을 버릴 때 비로소 쓸데없는 자존심도 버릴 수 있고 자신을 진정으로 사랑하게 됩니다. 혼났다고 기분 나빠하고 있으면 내게 아무런 유익이 되지 않습니다. 더 멋진 나를 위해서 받아들이고 변하려고 노력합시다.

협력자가 있어야 한다.

모세에게 아론과 훌이 있듯이 승리를 향해 함께 가는 협력자가 있어야 완주할 수 있습니다. 혼자 있으면 두렵고 답답한 것을 풀 수 없지만, 중보해주고 응원해주고 사랑해주는 사람들이 곁에 있으면 마음이 든든해지고 평안도 생기고 더 열심히 뛸 수 있습니다. 마라톤 대국인 케냐를 보면 결정적인 순간에 1등과 2등을, 1등과 3등을 같이 합니다. 옆에서 같이 뛰어주는 선수가 있을 때 한 명이 견제하며 함께 뛰어주면 더 빨리 뛸 수 있는 것입니다. 한 명만 탁월한 독주는 오래가지 못합니다. 누군가가 같이 뛰어줄 때 더 빨리 나갈 수 있고 승리를 쟁취할 수 있습니다. 나는 지금 누구와 함께 뛰고 있는지, 서로 돌아보며 협력하여 선을 이루어 갑시다.

간절해야 이길 수 있다

절박한 팀만이 이길 수 있습니다. 마태복음 14장 29~30절에 "오라하시니 베드로가 배에서 내려 물위를 걸어서 예수께로 가되 바람을 보고 무서워 빠져가는 지라. 소리 질러 가로되 주여 나를 구원하소서 하니 예수께서 즉시 손을 내밀어 그를 붙잡으시며 이르시되 믿음이 적은 자여, 왜 의심하느냐."는 말씀이 있습니다. 이 장면에서 정말 절박한 사람만이 구하게 된다는 것을 알 수 있습니다. 절박한 사람은 살려달라고 소리를 지릅니다. 얌전한 사람일지라도 물에 빠지게 되면 살려달라고 외칩니다. 우리 인생에 절박한 순간이 오면 살려달라고 부르짖게 됩니다. 죽어라 고치십시오. 그러면 하나님께서 나를 만들어 주십니다.

내 안의 시험, 죽자!

외부의 시험, 참자!

마귀의 시험, 박치기 하자!

하나님의 시험, 합격하자!

행복의 습관

사람에게 기대하지 마라

우리는 행복하기 위해 누군가에게 의지하려 합니다. 그 남자에게, 그 여자에게, 부모님에게, 자녀에게. 그러나 사람은 완전하지 않습니다. 많은 부모님들이 자녀 때문에 우십니다. 내 자식이 그럴 줄 몰랐다고. 많은 부부들이 서로 기대했다가 배신을 당합니다. 사람이 사람에게 기대하면 반드시 상처를 입습니다. 특히 신앙생활을 하면서 사람 때문에 실망해서 교회를 옮기고, 교회에 나오지 않는 분들이 많습니다. 사람 때문에 교회에 다니니까, 사람 때문에 시험에 드는 것입니다. 사람이 아니라 하나님 때문에 교회에 가고, 누군가를 만날 때도 그 안에 있는 하나님을 봐야 합니다. 사람을 의지하면 그 행복은 반드시 사라집니다. 사람은 반드시 실수할 수 있는 존재이기 때문입니다. 하나님 때문에 예수님 때문에 살면 그 행복은 영원토록 우리와 함께 합니다.

돈에게 기대하지 마라

요즘 아이들이 가장 좋아하는 직업은 돈 많이 버는 직업. 안정적으로 돈을 벌 수 있는 직업입니다. 어릴 때부터 부모님들이 돈만 있으면, 돈이 없어서. 라고 말씀하시는 것을 많이 듣다보니까, 우리 집은 돈만 있으면 행복하다고 생각합니다. 진짜 돈만 있으면 행복할까요. 재벌 회장이나 돈 많은 연예인들은 왜 자살을 하나요? 돈은 하나의 수단이 될 수 있지만 절대적인 기준은 아닙니다. 사람이 돈을 기대하게 되면 짐승처럼 살게 됩니다. 먹을 것을 찾아다니다 시체를 뜯어먹는 하이에나처럼 살게 됩니다. 돈보다 소중한 게 너무 많은데 돈 때문에 사람을 버리고, 신념을 버립니다.

원숭이가 한 마리 있었습니다. 그 원숭이는 보석을 너무 너무 좋아했습니다. 사냥꾼이 그 원숭이를 잡으려고 꾀를 냈습니다. 손목만 들어가는 작은 병 안에 보석을 넣어두었습니다. 결과는 어떻게 됐을까요? 원숭이가 보석을 잡고 주먹을 놓지 않더랍니다. 보석을 놓고 손을 빼고 도망가면 되는데, 사냥꾼이 와서 자기를 잡아가는데도 보석을 꼭 붙잡은 주먹을 풀지 못했습니다. 결국 보석은 가졌지만 사냥꾼에게 잡히게 되었습니다. 보석도 빼앗기고 동물원 원숭이가 되어 갇히게 됩니다. 우리도 똑같습니다. 돈이 소중해서 자꾸 돈을 잡습니다. 돈을 계속 붙들고 추구하다 보면 그것을 놓아야 살 수 있는데 끝까지 놓지 않으니까 마귀에게 잡히게 됩니다. 돈 때문에 예배, 믿음, 가족, 부모, 자녀, 친구를 다 버리는 안타까운 일들이 계속 벌어지고 있습니다. 제발 그 돈을 놓으십시오. 그러면 주님이 더 크고 귀한 것으로 채워주십니다.

평생 용서 받는 마음으로 살자

세상에 있을 때 나쁜 짓을 많이 하셨던 한 장로님이 계셨습니다. 그런 분이 장로님이 되시니 주변 사람들이 많이 수군거리고 좋지 않은 얘기를 많이 했습니다. 어떻게 저런 사람을 장로를 시키냐고, 그렇게 나쁜 짓을 많이 했는데 장로님 되는 게 부끄럽지도 않느냐고. 어느 날 장로님이 소리를 지르며 이렇게 말씀하셨습니다. "내가 그래서 예수 믿는다. 옛날에 그렇게 망나니였고, 못된 놈이었는데, 그걸 다 용서해주신 예수님 때문에 난 예수를 믿는다. 용서 받기 위해서 더 열심히 예수를 믿는다!"

우린 사실 매일 하나님께 혼날 사람들입니다. 아무리 바빠도 죄는 짓습니다. 주님께서 벼락 치실 일이 많습니다. 그런데도 하나님은 우리를 매일 용서해주십니다. 예수님도 십자가 위에서 주여 저들의 죄를 용서해달라고 기도하셨습니다. 예수님을 죽이면서도 우리는 모릅니다. 그런 우리를 다 용서해주시려고 예수님이 십자가에 돌아가셨습니다.

우리는 주님의 사랑을 너무 많이 잊어버렸습니다. 향유 부은 여인을 보십시오. 예수님 발 앞에 엎드려서 귀한 향유를 다 붓고 머릿결로 예수님의 발을 닦아주었습니다. 옆에 있던 제자들은 뭐하는 짓이냐고 화내고, 소리를 질렀습니다. 얼마나 무섭고, 부끄러웠을까. 사실 그 여인은 예수님의 발을 만질 자격조차 없었습니다. 그렇지만 받은 은혜와 사랑이 너무 커서 도저히 가만히 있을 수가 없었습니다. 너무 많이 용서 받았기 때문에 모든 것을 드리고도 행복했던 여인. 그녀가 그 자리에서 가장 행복했을 것입니다. 누가복음 7장 47절 "이러므로 내가 네게 말하노니 저희의 많은 죄가 사하여졌도다. 이는 저희 사랑함이 많음이라. 사함을 받는 일이 적은 자는 적게 사랑한다."는 말씀에서 그 여인이 행동한 것이 어떤 의미였는지를 보여줍니다. 많은 죄를 지었어도 더 많이 용서 받았기에 감사하는 사람은 행복한 사람이지만 적은 죄를 졌어도 그 죄가 죄인 줄 모르는 사람은 불행한 사람입니다. 우리가 받은 용서를 기억해야 합니다. 우리가 받은 사랑을 기억해야 합니다. 그 은혜를 기억하고, 받은 사랑을 나누어주는 그리스도의 향기가 됩시다.

선택의 습관

인생은 뽑기다. 보물이냐 꽝이냐. 그것이 문제입니다. 무엇을 뽑느냐에 따라 인생이 결정됩니다.

오늘 당신은 어떤 생각을 뽑았나요. 오늘 뽑은 당신의 생각이 나의 마음에 남고, 나의 말로 나오고, 나의 행동으로 나옵니다. 생각 뽑기를 잘해야 생각이 바뀌고, 습관이 바뀌고, 미래가 바뀐다.

사명을 위해 예수님의 생각을 뽑아야 한다.

성탄절이나 부활절이 되면 사명 자들은 무엇을 가장 열심히 합니까. 여러 교회에 가보면 전도사님들은 행사 준비하기에 바쁘고, 임원들은 공연 준비하기 바쁘고, 학생들은 예배를 빨리 마치고 밖에 놀러갈 생각에 다들 들떠 있습니다. 그나마 교회에 나온 학생들은 착하다고 칭찬받습니다. 하지만 우리의 진짜 사명은 신나고 즐겁게 노는 것이 아닙니다. 예수님을 기억하는 것입니다. 예수님을 알려야 합니다. 예수님은 잊어버리고, 사명은 잊어버리고 흥청망청 같이 어울리고 기분 내다가 하루를 무의미하게 보내는 친구들이 많습니다. 사명 없이 하루를 산다는 것, 사명 없이 예수를 믿는다는 건 정말 심각하게 고민해 봐야 합니다. 사명을 기억합시다. 사명을 잊어버리면 니느웨로 피했다가 풍파를 만난 요나처럼 어려움을 당하게 됩니다. 예수님의 생각을 전하는 것, 예수님을 감격하고, 사랑을 깊이 체험하는 하루. 멋진 하루를 위한 예수님의 생각 뽑기를 잊지 마십시오.

사명을 위해 하나님의 능력을 뽑아야 한다.

누가복음 24장 49절 "볼지어다. 내가 내 아버지의 약속하신 것을 너희에게 보내리니 너희는 위로부터 능력이 입히올 때까지 이 성에 유하라." 제자들에게 마지막으로 승천하시면서 하신 말씀, 이 성에 유하라. 예수님께서는 능력이 올 때까지 머물라고 하십니다. 이 성은 지금 제자들에게 가장 위험한 곳입니다. 그들은 예수님을 죽였기에 제자들도 죽일 수 있습니다. 그런데 그 위험한 곳에서 피하면 안 됩니다. 견디기 힘들고 죽을 수도 있지만 능력 받기 전에는 움직이지 못하게 하십니다. 하나님의 능력을 받는 것이 어떤 문제보다 장애보다 중요합니다. 능력을 받아야만 사명을 감당할 수 있습니다.

사랑에 빠져라

뽑기에서 최고의 보물을 뽑으려면 무엇을 해야 할까요? 주님과 사랑에 빠져야 합니다. 사랑에 빠지면 좋은 것이 마구마구 뽑아집니다. 사랑에 빠진 사람은 프로포즈를 해야 되고, 선물도 사야 되고, 이외의 많은 것을 준비합니다. 예수님을 위한 사랑고백 깜짝 이벤트를 준비해 보세요. 가장 좋은 것만 쏙쏙 뽑아서 나의 사랑을 주님 품안에 드립시다.

답을 아는 자는 어떤 어려움도 이겨냅니다.
답을 아는 자는 어떤 시련도 견뎌냅니다.
문제가 문제 되지 않는 사람에게 다음이 열립니다.

답이 틀리니까 빠지게 하십니다.
하나님의 답이면 기쁨이 옵니다.

특따가 되는 습관

맹신자와 천국 특따

은혜를 받으면 행복합니다. 그런데 어떤 사람들은 예배 시간에 기뻐 뛰며 찬양하면서 내가 지금 왜 행복한지를 잘 모르겠다고 합니다. 잘 모르면서 무조건 믿습니다. 교회는 다니는데 이유 없이 무조건 믿습니다. 이런 사람들을 맹신자라고 합니다. 쉽게 말하면 길을 가다 누가 막 뛰면 모르고 같이 뛰는 사람들. 물건을 살 때 사람들이 사니까 무조건 따라서 사는 사람들. 이제부터는 분명히 아셔야 합니다. 우리는 반드시 행복합니다. 그 이유는 단 하나! 천국이 있기 때문입니다. 지금 아무리 힘들어도, 지금 아무리 어려워도 천국에 가니까. 우리의 행복은 천국입니다. 천국의 기쁨은 우리들의 것입니다.

아무 것도 가진 것이 없어도 기쁜 사람들이 천국의 기쁨을 소유한 사람들입니다. 이런 사람들은 보통 사람들이 이해할 수 없는 특별한 관리를 받는 사람들입니다. 하나님 나라, 천국의 시민

권자이기 때문에 뭔가 아주 다릅니다. 왕따는 사람들에게 무시를 당하고, 은따는 은근히 따돌림을 당하고, 스따는 스스로 따돌리지만, 천국 시민은 특별한 관리를 받습니다. 하나님의 특별관리 대상입니다. 아끼는 물건은 특별 관리를 합니다. 차를 사면 6개월 동안 피하는 게 있습니다. 바로 터널식 세차장입니다. 혹시 흠집이 날까봐입니다. 만약에 어떤 아이가 발을 차에 올리면 난리가 납니다. 새 똥이 떨어지면 바로 닦습니다. 새 집을 사고 새 옷을 사도 새 것은 관리를 하게 됩니다. 하나님 나라의 특별 관리를 받으려면 새 은혜로 관리를 해야 합니다. 하나님 앞에서 헌 신자가 아니라, 낡은 신자가 아니라, 날마다 새로운 신자, 날마다 새 성도, 날마다 새 기쁨, 날마다 새롭게 특별 관리를 받아야 합니다.

저는 고1 때 예수님을 만났습니다. 그리고 징검다리 사역을 시작한 지 18년이 지났습니다. 하나님께서 징검다리 선교회를 특별히 관리해 주셨습니다. 재정적으로 어렵게 하셨고 결국 부도가 났습니다. 특별히 저를 너무너무 사랑하시니까 저에게 물질, 명예, 건강, 사역도 주지 않으셨고 경제적으로도 파산하게 하셨습니다. 그런 경험들을 하고나니 이제 어떤 것도 힘들지 않습니다. 웬만한 일은 그냥 넘겨버립니다. 영적으로도 바닥까지 갔다가 다시 올라오니까 이젠 끄떡없습니다. 하나님께서 특별 관리를 하지 않으셨으면 20대에 잘 되게 하셨을 것입니다. 30대에는 더 잘 되게 하셨을 것입니다. 하지만 20대 30대에 그 많은 어려움을 이기다보니, 지금 40대가 되어 어려움을 겪고 있는 청소년과 청년들에게 아무리 힘들고 어려워도 견디라는 메시지를 전할 수 있게 되었습니다.

우린 모두 특별한 사람들입니다. 특별한 사람은 특별하게 살아야 특별한 관리를 받을 수가 있습니다. 만약 내가 예배를 안 드리고 죄를 지으면서 하나님을 떠났는데도 아무 일도 일어나지 않는 것은 벌입니다. 오히려 특별하게 관리를 못 받는 것입니다. 하나님께서 특별하게 돌보시는 사람은 안 되게 하시고, 어렵게 하시고, 아프게 하십니다. 예배도 안 드리는데 전교 1등을 한다? 위험할 수 있습니다. 하나님께서 그냥 내버려두시는 것입니다. 예배를 잘 드리고 전교 꼴찌 하는 게 하늘나라에선 더 좋을 수도 있습니다. 전교 꼴찌 하라는 말이 아니라 우선순위를 지키라는 말입니다.

마태복음 10장 1절 말씀 "예수께서 그 열두 제자를 불러서 모든 더러운 귀신을 쫓아내며 모든 병과 악한 것을 고치며 권능을 주시니라." 예수님께서는 제자들에게 엄청난 능력, 귀신을 쫓아내고 병을 다 고치고 모든 약한 것을 강하게 하는 능력을 주십니다. 그런데 7절에 "가면서 전파하며 말하되 천국이 가까이 왔다 하고" 그것은 아무리 능력이 많아도 전할 것은 오직 천국이라는 말씀입니다. 전교 1등을 했다고 1등을 간증하면 안 됩니다. 노래를 잘 한다고 노래를 간증하면 안 됩니다. 건강하다고 건강을 간증하면 안 됩니다. 우리가 기뻐하고 감사할 것은 오직 천국의 소망 천국의 기쁨 하늘나라의 소망입니다. 우리는 이러한 것들을 전하는 복음의 사도가 되어야 합니다. 그 습관을 가져야 합니다. 잘 되면 하나님께서 도와주셨다고 하고, 잘 안 되면 하나님께서 날 버리셨다는 신앙이 아니라 항상 기뻐하고 쉬지 말고 기도하며 범사에 천국만으로도 감사할 수 있는 삶을 살아갑시다.

진짜는 타협하지 않습니다. 아닌 것과는 절대 타협하지 않습니다.

다음을 봅시다. 멀리 봅시다. 밟히는 게 통과 받는 일입니다.

진짜니까 공격당하는 것입니다. 진짜니까 흔들어 보는 것입니다.

우리는 천국 시민입니다.

천국 노래 부르다. 천국 갑시다.

경고에 대처하는 습관

축구 감독들이 선수를 경기에 내보낼 때 어떤 선수를 가장 불안해 할까요? 실력이 좋아도 경고를 받은 선수들 입니다. 같은 경기에서 2번의 경고를 받으면 퇴장을 당하기 때문입니다. 준결승전에서 잘하는 선수를 내보냈는데 경고를 받으면 결승전에 못 나올 수 있으니, 누구를 출전시킬까 고민을 합니다.

주님은 계속 경고를 하십니다. 1차적인 경고는 마음의 부담감입니다. 늘 미안한 마음. 저는 예전에 콘서트나 집회를 할 때 사람들을 만나면 이 콘서트를 하면 청소년들에게 믿음을 심어줄 수 있을 것이라고 말하며 홍보를 했습니다. 하지만 사실은 그것이 돈이 되니까, 나를 알리고 싶은 마음이 더 컷습니다. 그러니 주님을 찬양하고 경배하는 집회에서 기쁨과 감사가 충만해야 되는데 끝나고 나면 그것이 마지막인 것처럼 오히려 더 공허했습니다. 기독교 행사를 하면서도 마음으로는 화려한 세상 문화를 따라갔던 적이 너무 많았습니다. 사실은 지금도 사역을 할 때 그런 마음이 들까봐 늘 고민을 합니다. 영혼을 위한 진실된 마음이 아니라 직업처럼 사역을 하게 될까봐 늘 고민을 합니다.

기도보다 성령보다 앞서지 말자고 늘 다짐하지만 가끔 주님의 응답이 너무 느린 것 같이 느껴질 때가 있습니다. 그래서 응답이 있기 전에 그냥 내가 빨리빨리 해버리는 적이 많습니다. 그렇게 내가 먼저 일을 벌이면 그때마다 경고를 받지만 어느 날 그것이 쌓이면 한 번에 어려운 일을 만나게 됩니다.

어제의 일을 잊어버리지 말자
어제의 일, 어제의 죄를 잊어버리지 맙시다. 오늘을 사는 것이 힘든 이유는 어제를 잘못 살아서 입니다. 전날 내 몸을 혹사하면 오늘 내 몸이 피곤합니다. 어제 내가 죄를 짓고 힘들게 살았으면 오늘 내 영이 피곤합니다. 오늘의 모습이 내일입니다. 오늘을 조심해야 내일을 잘 살 수 있습니다. 절대로 잊지 마세요.

오늘에 최선을 다하자
하나님은 우리에게 경고를 하십니다. 경고를 주는 이유는 딱 한 가지입니다. 조심하라고. 그 경고를 은혜로 받아서 매일 더 새로워지는 모습, 어제의 죄를 잊지 말고, 어제의 모습을 잊지 말고, 어제의 경고를 잊지 말고, 오늘의 모습에 최선을 다할 때 먼 훗날 주의 은혜 가운데 사는 날이 올 것입니다. 사건이 터지고 나서 눈물을 흘리지 말고 말씀을 들을 때 눈치 100단으로 움직이십시오. 하나님의 말씀이 혹독해도 두려워하지 말고, 겁내지 말고. 대언의 말씀에 정신 똑바로 차립시다.

마태복음 21장 13절에 "기록된 바 내 집은 기도하는 집이라 일컬음을 받으리라 하였거늘 너희는 강도의 소굴을 만드는도다 하시니라" 하나님은 기도하는 집을 주셨는데 그 집 안에서 강도처럼 먹고 사는 문제만을 위해서 교회에 다니고 예배를 드리는 사람들이 있습니다. 이들의 행동은 예루살렘 성전 안에서 매매하고 돈 버는 사람들처럼 순서가 바뀐 것입니다. 무조건 하나님이 먼저입니다. 며칠 전에도 다녀온 한 집회에서 중간고사 기간이라고 학생들이 예배에 빠지는 모습을 봤습니다. 믿는 집 자녀들도 순서를 다 바꿉니다. 그러면 하나님께서 경고를 하십니다. 그런데 그 경고를 못 들으면 대학교에 가든 고등학교에 가든 무엇을 하든 점점 믿음은 사라지고 하나님과 전혀 상관없는 사람이 될 수 있습니다.

공부는 해도 되고 안 해도 된다는 말을 합니다. 그 선택에 의해 자신의 미래가 결정되기에 잘 선택하라고. 선생님들이 그런 말씀을 많이 하실 때, 그게 농담인 줄 알았습니다. 그런데 살아 보니 정말로 중, 고등학교, 대학교 10년 동안의 공부가 평생을 좌우한다는 것을 많이 보게 됩니다. 그 10년을 정말 열심히 공부 하면 나머지 60년이 편합니다. 중, 고등학교, 대학교 합쳐서 10년입니다. 그 10년 예배드리면서 열심히 공부하면 남은 60년 동안은 만나는 사람도 달라지고 나누는 대화도 달라지고 할 수 있는 꿈과 비전도 달라집니다. 그런데 그 10년 동안 경고를 듣지 않고 놀면 내일도 놀아야 됩니다. 오늘 방황하면 내일도 또 방황 하게 됩니다. 방황과 노는 거 오늘 딱 접고 꿈과 비전을 향해 주님과 함께 달리면, 내일도 꿈과 비전을 가지고 주님과 함께 달릴 수 있습니다.

사건이 터지고 눈물 흘리지 말고, 말씀 듣고 눈치 100단으로 움직이세요.
말씀의 거울에 자신을 돌아보세요. 하나님이 뭐라고 하시는지 들어보세요.
인정하고 항복하면 빨라집니다.
하나님의 경고가 내려오면 어떤 혹독한 예언을 들어도
두려워하지 말고, 겁내지 말고,
대언의 말씀에 정신 똑바로 차립시다!

나쁜 습관 고치는 습관

진단을 받아보자

다치면 병원에 가서 정확한 진단을 받아야 합니다. 나쁜 습관도 정확한 진단을 받고 치료를 받아야 합니다. 그런데 나쁜 습관으로 몸과 마음을 아프게 하는 친구들은 절대 말을 듣지 않습니다. "너 이러면 안 돼" 하면 귀를 막고 안 듣습니다. 평상시처럼 하는 거니까 잘못된 것을 깨닫지 못합니다. 빨리 살아나려면 어서 힘을 얻으려면 제일 먼저 해야 할 일은 바로 정확한 진단을 받는 것입니다.

자가진단

정확한 진단을 받기 위해서 내가 요즘 제일 많이 하는 것이 무엇일까? 생각해 보십시오. 특히 방학 때 친구들이 제일 많이 하는 것이 무엇일까요? 주로 게임이나 인터넷일 겁니다. 평균 4~7시간 정도 한다고 합니다. 흔히 말하는 폐인이라는 친구들은 잠도 안자고 거의 24시간 게임만 합니다. 우리나라에 지금 게임 중

독으로 정신과 치료를 받는 아이들이 28만 명 정도 되고, 중독 증상은 100만 명 이상이라고 합니다. 시간 가는 줄을 모르고 합니다. 게임에 빠져 있으니 생각이 온통 게임으로 영혼이 병들게 됩니다. 나쁜 습관이 몸에 배입니다. 시간을 어떻게 사용하고 있는지 정직하게 솔직하게 돌아보십시오. 나쁜 습관을 고치려면 당장 펜을 들고, 나의 24시간을 적어보십시오. 24시간 중에 제일 많이 쓰는 시간. 제일 많이 하는 행동. 지금, 오늘, 이번 주일에 제일 많이 하는 일이 무엇인가, 가장 중요하게 여기는 것이 무엇인가 정확하게 적어봅시다.

전문가의 진단

박찬호 선수가 야구를 아무리 잘해도 코치의 말에는 꼼짝 못합니다. 이승엽 선수가 아무리 홈런왕이라도 타격 폼 바꾸느라 손가락 하나 잘못 움직여도 엄청 혼이 납니다. 김연아 선수가 아무리 피겨를 잘해도 코치 말에는 절대적으로 순종합니다. 나 스스로를 돌아본 후에 나는 누구에게 자문을 받아야 하는지 생각을 해야 합니다. 전문가의 조언도 받아야 합니다. 영적인 전문가, 나를 가장 아끼고 사랑하는 전문가. 그런데 요즘 아이들은 목사님 말은 커녕 전도사님 말도 안 듣고, 담임선생님은 취급도 안하고, 엄마 아빠는 완전 무시합니다. 그리고는 인터넷에 물어

봅니다. 인터넷에 있는 지식은 보편적인 지식이지 나에게 꼭 맞는 처방전이 아닙니다. 우리의 가장 큰 스승님은 성령님이시지만 성령님이 누군가를 통해서 나에게 알려줄 수 있습니다. 귀를 기울이고, 전문가의 조언을 꼭 마음에 새겨, 나쁜 습관을 함께 고칩시다.

이청용 선수가 다쳤을 때, 구단주가 이렇게 말했다고 합니다. "이청용 선수의 재활을 위해서 구단이 할 수 있는 모든 노력을 기울이겠다. 의사가 필요하면 의사, 돈이 필요하면 돈, 병원이 필요하면 병원, 모든 것을 최적의 조건으로 공급하겠다. 이청용 선수는 우리 팀에 꼭 필요한 선수니까." 여러분들은 하늘나라에 반드시 필요한 사람입니다. 하나님이 여러분들에게 전폭적인 지원을 하실테니까 이번에 나쁜 습관 잘 고쳐서 멋지게 하나님 나라의 대표선수로 복귀합시다. 모두 파이팅!

짓고, 다듬고, 갖추는 이유는

말씀 안에 나를 내려놓으면 나를 다듬어 주시기 때문입니다.

나를 다듬기를 소망하는 마음으로 나를 내려놓으면

들으시고, 바라보시고, 다듬어 주십니다.

내가 변하는 것이 부흥입니다.

한 번 지적을 받으면 자존심을 걸고 고칩시다.

일으키든지! 일어나든지!

공부의 습관

내 꿈을 이룰 수 있는 대학에 가자

지난 9월에 태풍이 왔을 때 재미있는 SNS 유행어가 있었습니다. "태풍은 좋겠다. 진로가 있으니까." 우리나라 대학생 중에 내가 정말로 하고 싶고 배우고 싶은 학교나 학과를 찾아간 학생들은 5~10%미만이라고 합니다. 대부분은 고3 때 성적에 따라 선생님이나 부모님이 원하는 대로 대학에 갑니다. 그러니 대학에 가도 목표가 없습니다. 대학 가는 날부터 술로 연애로 1~2년을 허송세월 하는 친구들이 많습니다.

진짜 공부는 성적 때문에 하는 것이 아니라, 앞으로의 행복을 위해서입니다. 꼭 성적이 나오는 학과 공부가 아니라도 하나님께서 주신 달란트로 마음껏 꿈을 펼쳐갈 수 있는 공부를 하십시오. 그러려면 목표를 정해야 합니다. 내가 원하는 꿈을 이룰 수 있는 대학에 가자. 아니면 과를 정하십시오. 그냥 아무 대학, 아무 과가 아니라 내가 너무너무 하고 싶은 것, 그것을 조금이라도 잘할 수 있는 곳을 가면 학교 다니는 것이 신이 납니다. 저는 사역을 다닐 때 일이라고 생각하지 않습니다. 누리고, 은혜 받고, 나눈다고 생각하니까 하루하루가 너무 기쁩니다. 하고 싶은 공부를 하며 하나하나를 알아가는 즐거움, 배워가는 즐거움을 누릴 수 있습니다.

은혜부터 먼저 받자

부모님들은 자녀들에게 공부하라고 강요하지 마십시오. "은혜 받아라, 예수님 만나라" 하면 공부는 저절로 하게 됩니다. 은혜 받은 학생들이 제일 먼저 하는 것이 바로 공부입니다. 은혜 받은 학생들은 못하더라도, 안되더라도 공부를 먼저 시작합니다. 하나님을 기쁘게 해드리고 싶으니까. 하나님께 쓰임 받고 싶으니까 자신이 해야 할 일에 충성합니다. 예전에는 중, 고등학생, 대학생들이 수요예배, 금요예배, 철야기도, 주일 오전 오후 예배에 다 나갔습니다. 모임에 다 참석하고, 그런 가운데 한국 교회의 훌륭한 일꾼들이 많이 나왔고, 한국 기독교를 위해 귀하게 쓰임을 받았습니다. 그런데 요즘에는 주일 예배 딱 한 번 나오고, 지각하고, 학원에 과외 받으면서도 공부를 더 못합니다. 공부의 목적도 하나님을 기쁘시게 하는 것. 은혜 받으면 공부는 자동입니다.

내 꿈 깨고 하나님의 꿈을 꾸면, 다 맡기고 다 받습니다.

비전과 소망 때문에 준비하세요. 일찍 좌절하지 마세요.

우리들의 찬양은 행진곡이 되어야 합니다.

할 수 없는 상황이라고 인정하고 할 수 없다고 하나님만 의지하면 하나님이 일하십니다.

물질의 습관

욕심을 버려라

가장 행복한 나라는 어디일까요? 2011년 조사 결과, 행복지수 1위는 방글라데시이고, 2위는 아제르바이잔, 3위가 나이지리아였습니다. 우리가 아는 선진국들이 행복한 게 아닙니다. 오히려 가난한 나라일수록 행복지수가 높고, 잘 사는 나라일수록 자살률도 높고 정신병원에도 많이 다닌다고 합니다. 우리나라도 예전에 비하면 정말 잘 살지만 그에 비례해 우울증이나 정신과 치료를 받는 사람들도 아주 많아졌습니다. 경제적으로 어려웠을 때에는 우울증에 걸릴 시간이 없을 정도로 바쁘고 행복하고 만족스럽게 살았는데, 많은 것들을 누리는 지금은 오히려 남과 비교하고 열등감에 빠져서 힘들어서 괴로워하는 사람들이 많습니다.

청소년이나 청년들은 비전을 꼭 돈에 연결시킵니다. 예배 빠지고 일하러 가거나 학원가는 것도 다 돈 벌어서 복음을 돕기 위한 것이라고 합니다. 그럴 때마다 저는 네가 복음이 되면 돈도 지식도 하나님이 주신다고 혼을 냅니다. 먼저 복음의 나무가 되면 그 열매는 하나님이 주시는 거라고. 제일 안타까울 때는 돈이 아이들의 꿈이라는 것입니다. 돈 많이 버는 의사, 연예인, 대기업, 선생님이 최고입니다. 취업이 꿈이고, 취업이 비전인 친구들도 많습니다. 직장인 90%가 이직을 생각하는데, 그 조건이 돈만 많이 주면 된다고 합니다. 이게 다 물질적인 욕심입니다. 우리의 직업은 사명대로 비전대로 부르심대로 가야 합니다. 그래야 하나님의 꿈이 우리를 통해 이루어집니다. 욕심을 버려야지 물질을 정복하고 다스릴 수 있는데, 자꾸 욕심을 부리니 요동하고 흔들립니다.

드리는 것에 더 애를 써라

청소년 사역을 가면 헌금 시간에 천 원을 내는 아이들이 있습니다. 예물을 천 원 드리는 것이 나쁘다는 게 아니라, 헌금시간 되면 주머니 뒤져서 꾸깃꾸깃한 돈 천 원, 2천 원 내면서 PC방에 가면 3시간동안 3천 원을 씁니다. 컵라면 사먹고 과자 사먹으면서 하루 평균 5천~6천 원을 씁니다. 거의 매일 PC방에 출근을 합니다. 그러면서 예배는 일주일에 한 번 드리고, 예물은 천 원 드리는 모습을 보니 씁쓸합니다. 주님께 드리는 것은 진심입니다. 예물은 내가 하나님께 드릴 수 있는 최소한의 감사의 표현입니다. 감사의 마음으로 드리는 것입니다. 감사를 충분히 표현해야하는데, 감사를 넘치도록 드려야하는데, 우리는 쓰다 남은 것, 저는 것, 병든 것 드려놓고, 드렸다고 떳떳해하는 죄를 범하고 있습니다. 캠프 때 잊을 수 없는 감사헌금 봉투를 받은 적이 있습니다. "하나님, 전 지금 아무것도 가진 게 없습니다. 그런데 드리고 싶어서 마음이 너무 기쁩니다. 지금 아무것도 없이 이렇게 빈 봉투를 드리지만 먼 훗날 최고의 감사로 주님께 보답하겠습니다." 저는 이 친구 때문에 너무 기뻤습니다. 감사로 드리는 습관. 감사할 때마다 하나님이 채우십니다.

물질, 돈이라는 것은 하늘에 날아다니는 것이라고 생각합니다. 지금 창문 밖에 까마귀 보이시죠? 하나님이 보낸 택배 까마귀. 엘리야한테 가던 까마귀인데 우리한테도 옵니다. 그런데 요즘은 수신거부가 너무 많아서 까마귀가 주인을 찾아다니고 있습니다. 하나님께서 주시겠다고 하는데 안 받겠다고 합니다. 내가 벌어서 쓰겠다고 하나님 것은 필요 없다고 합니다. 저는 기도합니다. 주인 없는 까마귀들 저에게 보내달라고. 혹시 가진 것이 없어서 힘드신 분들은 먼저 복음을 위해 살면서 하나님께 기도합시다. 하나님께 영광 돌리면 하나님은 우리에게도 반드시 까마귀를 보내주십니다. 하나님이 맡기신 것으로 잘 섬기고 쓰는 우리가 됩시다.

리더의 습관

장님의 품격?

임원선거에 목숨 거는 당신. 학교가 아니라 교회에서도 회장, 부회장을 벼슬 받듯이 하는 사람들. 회장님, 사장님, 실장님. 앞 글자를 빼면 뭐가 되나요? 앞 글자 한 자만 빼면 장님이 될 수 있습니다. 직분을 맡으면 두루 보고, 모든 것을 품어야 되는데 자기 자리만 지키고, 행세만 하려고 하면 장님 같은 회장. 장님 같은 반장이 됩니다. 장님이 인도하면 뒷사람은 어떻게 될까요. 소경이 소경을 인도할 수 없듯이 한 명이 빠지면 줄줄이 빠지게 됩니다. 중요한 것은 임원이 되는 것보다 된 후에 어떤 모습으로 섬기고 봉사 하느냐입니다. 리더라고 '뻐겨, 뻐겨' 하면, 하나님께서는 '커트, 커트' 시키십니다.

게으른 사람이 되지 마라

어떤 리더들은 자기는 다 배웠고 다 안다고 계속 시키기만 합니다. 예배도 찬양도 전도도 시키기만 합니다. 저는 요즘 전도축제를 다닐 때마다 마음이 아픕니다. 전도 축제에 가보면 임원들은 전도를 안 하고 공연 준비나 선물 준비만 합니다. 정작 중요한 전도에는 관심을 두지 않습니다. 중요한 것은 다 놓치고 남들을 시킵니다. 리더는 두루두루 돌보는 사람입니다. 리더가 똑똑하고 부지런하지 않으면 그 공동체는 점점 불행해집니다. 리더가 되신 분들은 다른 멤버들보다 한 박자 빠르게, 한 템포 빠르게 움직이고 부지런해져야 합니다.

자기만 아는 사람이 되지 마라

교회에서 일하다보면 화내고 짜증내는 사람들, 자기 기분 따라 분위기를 망치는 사람이 꼭 있습니다. 특히 힘 있다고 화내고, 고집부리며 자기 생각만 주장하는 리더가 있으면 공동체 모두가 힘들어집니다. 참아주면 그건 참아준 사람의 내공이 됩니다. 참아주면서 감싸주면서 예수님을 닮아가는 리더가 됩시다.

내가 하는 사람의 리더가 되자

마태복음 20장 27절~28절 "너희 중에 으뜸이 되고자 하는 자는 너희의 종이 되어야 하리라. 인자가 온 것은 섬김을 받으려 함이 아니라 도리어 섬기려 하고 자기 목숨을 많은 사람의 대속물로 주려 함이라." 리더가 된다는 것은 솔선수범하는 것입니다.

난 으뜸이야 하고 자랑하는 자가 아니라 섬기는 자리! 종의 자리, 가장 낮은 자리. 예수님이 계신 자리로 가면 좋지 않을까요. 우리 이름 앞에 붙어 있는 명찰이 부끄럽지 않도록 예수님을 닮아가는 믿음의 제자가 됩시다.

지금의 겸손이, 손해 보는 것이 생명 탑이 됩니다. 미래를 위하여 생명 탑을 쌓읍시다. 어떤 상황에서도 최선을 다하세요. 하나님께서 일하시도록 끝까지 기도하세요. 영혼 구원의 기적은 계속 일어납니다.

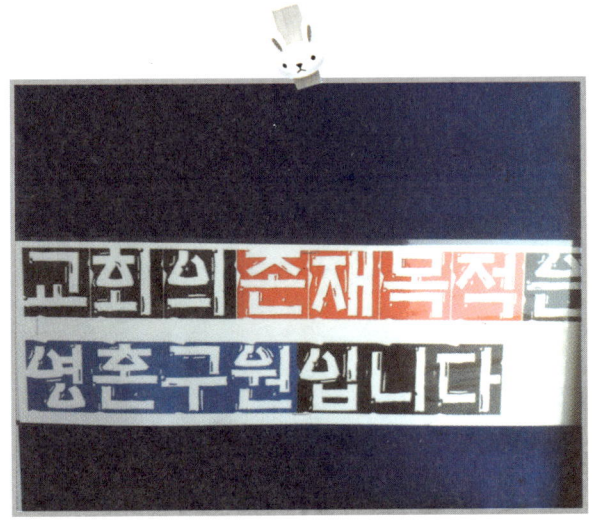

진실 되게 기쁨으로 살 수 있는 습관

얼마 전 한 학생과 상담을 했습니다. 힘든 일을 얘기 하면서 "목사님 저 어떻게 해야 돼요?" 라고 물어 보길래, '힘들면 기도 하자.' 라고 말하려고 했습니다. 그런데 그 아이가 갑자기 "기도 하라는 말 말고 다른 말 해주세요." 라고 말하는데 갑자기 말문이 탁 막히는 겁니다. 다른 할 말이 떠오르지 않았습니다. 아, 내가 습관적으로 기도하자고 말하는구나. 그렇게 말하는 것이 오히려 기도하는 척이 될 수 있겠다는 생각이 들었습니다. 진심이 아니면서 형식적으로 영혼을 대하면 힘이 없습니다. 진심이 아니면 불편합니다. 양심은 내 편을 들어주지 않습니다.

어린 아이처럼 살아라

어린아이는 좋으면 좋다고 싫으면 싫다고 정확하게 표현해서 사랑을 받습니다. 아기를 예뻐하려면 예쁘게 다가가야 됩니다. 어린아이에게 다가가면서 막 혼내지 않습니다. 어른들도 아이들에게 눈높이를 맞춰서 아이가 되어주어야 됩니다. 우리가 최선을 다해서 하나님 앞에 어린아이가 되면 하나님이 우리에게 맞춰 주십니다. 하나님과의 관계에서 힘든데 안 힘든 척, 외로운데 안 외로운 척, 갈급한데 안 갈급한 척, 해봤자 나만 손해입니다. 배고프면 배고프다고 말해야 됩니다. 목마르면 목마르다고 말해야 됩니다.

어린 아이들의 특징은 낯을 잘 가립니다. 엄마 아빠나 삼촌 이모를 보면 방긋방긋 웃어주는데 낯선 손님이 와서 안으려고 하면 인상을 쓰고 소리를 지르고 막 밀어냅니다. 낯을 가리는 어린아이는 자기가 좋아하는 엄마 아빠 앞에서는 방긋방긋 웃어주고 막 애교를 부리며 좋아합니다. 어린아이는 좋으면 좋다고 표현합니다. 우리도 하나님 앞에서 좋은 건 좋다고 표현해야 합니다. 예배 시간에는 아멘하고 두 손 들고 표현을 해야 합니다. 술자리라든지 노래방이라든지 게임방이라든지 내가 있어야 될 자리가 아니면 난 여기 못 있겠다고 말을 해야 됩니다. 난 여기에 있을 사람이 아니다. 이 자린 내 자리가 아니다. 말을 하세요. 냉철해야 됩니다. 아닌 건 아닙니다. 체면 때문에 거기 앉아서 같이 이런저런 얘기 하고 예수 안 믿는 척 교회 안 다니는 척을 하면 안 됩니다.

거친 풍랑이 일 때, 예수님이 주무시고 계시니, 제자들이 예수님을 깨웁니다. 우리는 이제 죽게 되었다고 어떻게 하냐고 난리를 칩니다. 예수님을 깨우니 바람과 파도가 멈춥니다. 힘들 수도 있고, 어려울 수도 있지만 예수님 앞에 힘들다고 죽게 생겼다고 배고프다고 말을 하십시오. 그러면 예수님이 와서 책임을 지십니다.

배짱 있게 살아라

어떤 학생이 한 대학에 들어가려고 5번 시험을 보고 5번 떨어졌습니다. 그런데 교수님이 그 아이가 계속 오니까 면접을 보다가 갑자기 뺨을 때리고는 "얼마나 아프냐?"고 묻고 "이제 여기 말고 다른데 가라는 말이다."고 했습니다. 그런데 그 학생이 갑자기 교수님 뺨을 빡 때리면서 "이만큼 아픕니다."고 대답했습니다. 그러니까 교수님이 학생의 배짱있는 행동에 감동을 해서 합격했다는 전설적인 이야기가 있습니다. 5년 내내 떨어졌지만 난 이 학교에 반드시 오겠다는 배짱입니다.

예수님이 사역 중에서 하신 말씀 중에 제가 제일 좋아하는 것이 마태복음 28장 19절, 20절 "그러므로 너희는 가서 모든 민족을 제자로 삼아 아버지와 아들과 성령의 이름으로 세례를 베풀고, 내가 너희에게 분부한 모든 것을 가르쳐 지키게 하라. 볼지어다. 내가 세상 끝 날까지 너희와 항상 함께 있으리라 하시니라."입니다. 예수님은 십자가에 달려 돌아가신 분입니다. 3년 사역이 채 안 되고, 제자도 12명밖에 못 남겼습니다. 그것도 중간에 한 명의 제자는 실패하고 어찌 보면 예수님의 사역은 사람들이 보기엔 성공이 아닌 사역입니다. 그런데도 너희는 모든 족속으로 제자를 삼으라고 배짱 껏 말씀하십니다.

저도 하나님께서 주신 사명이니까. 그냥 배짱 있게 합니다. 잘되는 거 바라지 않고, 성공하는 거 바라지 않습니다. 배짱 있게 주님이 주신 산지니까 달라고 외치는 거 아니겠습니까. 그냥 외치는 그 배짱이 우리에게 있어야 합니다. 그러면 날마다 기쁘지 않을까요? 아빠가 땡전 한 푼 없어도 내 딸 내 아들 내 아내 책임진다는 배짱이 있으면 안 굶어 죽여 걱정하지마, 라고 말할 수 있습니다. 예수 안에서 배짱 있게 삽시다!

예배는 기쁨 공장입니다.

기쁨 공장에 와서 슬픔, 아픔, 걱정 다 집어 넣고,

한 바퀴 돌려 버리면

이전 것은 생각나지 않도록 하나님께서 기쁨과 즐거움을 창조하십니다.

성령 충만하면 기쁨이 넘칩니다.

평안의 습관

두려워하지 마라

저는 고등학교 때 "공부 못하면 망한다."는 말이 참 무서웠습니다. 선생님의 말 한 마디에도 벌벌 떨었습니다. 얼마 전 모교에 집회를 갔는데 뒤에서 누가 저를 부르셨습니다. 뒤를 돌아보니 고2 때 담임선생님이셨습니다. 선생님이 함께 있는 학생들에게 말씀하셨습니다. "얘가 내 제자야. 훌륭하게 될 줄 알았다니까." 제가 수학을 정말 못했는데 이 분이 수학 담당이셨고, 저는 반에서 38등이었기 때문에 저에게는 관심이 전혀 없으셨습니다. 그런데 20년 만에 집회 강사로 가니 따뜻하게 대해 주시며 환대해 주셨습니다. 절대로 망하지 않습니다. 우리는 무궁무진한 가능성이 있습니다. 평안을 가지십시오. 걱정 근심하며 두려워하지 마십시오. 근심하고 걱정하는 것은 자기 영혼에 상처 내는 것입니다. 불평하고 원망하는 것은 자기 영혼을 파괴시키는 것입니다.

구약시대를 한 마디로 줄이면 두려워 마라. 신약시대를 한 마디로 줄이면 염려하지 마라. 지금은 무슨 시대일까요? 성령시대입니다. 성령시대를 한 마디로 줄이면 기뻐하라, 입니다. 우리는 성령과 동행하기 때문에 두려워하고 염려하는 것 자체를 뛰어넘는 기뻐하는 시대. 얼굴에 기쁨이 넘쳐야 합니다. 평안한 사람만이 얼굴에서 기쁨이 나옵니다.

겸손한 사람은 언제나 웃습니다. 못나고 부족한 나라도 써주시니 감사하고, 주님이 다 하셨으니까 감사합니다. 우리는 앞으로도 하나님께서 반드시 하신다고 믿기 때문에 웃을 수 있습니다. 기쁨이 없는 것에 대해서 심각하게 고민해야 합니다. 천국을 빼앗긴 것이기 때문입니다. 겸손하면 평안합니다.

말씀을 붙든 사람은 어떤 상황에서도
아무리 두렵고 힘들더라도 기쁨과 평안함의 여유가 있습니다.
은혜는 얼마나 받아야 할까요?
걱정이 안 될 때까지, 기쁨이 올 때까지,
이전 것이 생각나지 않을 때까지 입니다.

더 새롭게 변화되기 위한 습관

이 땅에 없는 것을 구하자

많은 사람들은 이 땅의 것을 가지려고 평생을 삽니다. 명문대, 아파트, 명품을 갖고 싶어서 난리도 아닙니다. 물론 우리도 물질적으로 더 풍성하기를 바라고, 몸이 더 건강하기를 바라고, 자녀들이 더 잘 자라기를 바랍니다. 그래서 기도 제목을 나눌 때, 나의 욕심이 은연중에 많이 들어가게 됩니다. 하나님이 내가 원하는 것을 다 주셨으면 하는 마음도 있습니다. 그런데 이 땅의 것으로 진짜 행복할 수 있을까요. 이 땅의 것을 다 가지더라도 영원한 행복을 줄 수는 없습니다. 진짜는 하늘나라에 있는 것, 하나님의 것, 저 하늘에 있는 것을 가지려고 애를 쓰다보면 어느 순간 내 안에 희락과 영원한 행복이 넘쳐흐르게 됩니다.

사도행전 3장 6절 "베드로가 가로되 은과 금은 내게 없거니와 내게 있는 것으로 네게 주노니, 곧 나사렛 예수의 이름으로 걸으라." 베드로는 성전 미문 앞에 앉아 있는 거지에게 돈을 못 주고 예수님의 이름을 주었습니다. 거지는 예수님께 최고의 선물, 발목에 힘을 얻는 선물을 받았습니다. 걸을 수 있게 되었습니다. 걷자마자 기뻐 뛰며 찬양하며 영광을 돌렸습니다. 우리는 "돈 주세요, 결혼시켜 주세요. 좋은 데 취직 시켜주세요."라고 기도하지만 하나님은 예수의 이름으로 힘을 얻어서 일어나 걸으라고 말씀하십니다. 예수의 이름으로 힘을 얻을 때 나머지는 하나님이 책임지십니다. 하나님이 지키십니다.

내가 할 수 없는 것을 구하자

내가 할 수 있는 것만 하다보면 지칩니다. 내가 못하는 것은 하나님만이 하실 수 있는 것입니다. 내가 못하는 것까지 하려고 너무 애쓰지 마십시오. 할 수 있는 일에 최선을 다하면 나머지는 하나님이 채우십니다. 우리는 누군가를 가르칠 수 없고, 아이들을 변화시킬 수 없습니다. 나 하나 변화되기도 어려운데 어떻게 다른 사람을 변화시킬 수 있겠습니까. 다만 우리가 통로가 되어 하나님의 심부름을 하는 것입니다. 하나님의 심부름이니까 열심히 하자는 생각으로 최선을 다하면 마음을 비울 수가 있습니다. 어차피 내가 하는 게 아니라 하나님이 하시는 것이니까요. 지금까지 못했어도 괜찮습니다. 내가 애써도 할 수 없었으니까. 그럼에도 불구하고, 포기하지 않고, 예배를 드리며 최선을 다하면 하나님께서 뜻대로 하십니다. 실수 없으신 하나님께서 기막히게 일하십니다. 하나님이 하시는 일에 온전히 나를 내어 드리는 연습을 해보십시오. 내가 할 수 없는 것, 사람이 사람에게 줄 수 없는 것, 오직 하늘의 것으로 나를 채우시는 하나님을 만날 수 있습니다.

이 땅에 없는 것,

사람이 줄 수 없는 것,

하늘의 것으로

오직 예수 이름만 높이니까

새 힘이 옵니다.

일꾼의 습관

일꾼은 일을 맡겨 놓고 염려되지 않는 사람입니다. 특히 복음의 일꾼들은 오직 영혼 구원을 위하여 이름 없이 빛도 없이 죽도록 충성합니다. 그런데 일하다보면 지칠 수도 있고, 때로는 문제가 생길 수도 있습니다.

저축 합시다

신용카드를 사용하면 늘 불안합니다. 마이너스 통장을 쓰는 것도 기분이 찜찜합니다. 하지만 체크카드는 당당하게 사용합니다. 내 통장에 돈이 있기 때문에 마이너스가 아니라 써도 남습니다. 은혜도 마찬가지입니다. 외상으로 쓰지 말고, 저금을 더 한 다음에 사용하면 든든합니다. 예전에는 여름이나 겨울에 3주 동안 캠프를 마치면 물놀이를 갔습니다. 하지만 훈련을 받은 후에는 집회가 끝나면 일꾼들끼리 3일 부흥회를 다시 합니다. 수련회 기간 동안 몇 백 명이 온 것보다 우리 적은 인원들이 더 뜨겁게 예배드립니다. 더 찐하게 은혜를 저금합니다. 그런 후에 물놀이를 가든지 눈썰매를 타러 갑니다.

빚을 갚읍시다

'범죄와의 전쟁' 이라는 영화를 보면 약간 속상한 장면이 나옵니다. 조폭, 경찰, 검사는 다 나쁜 사람들입니다. 그런데 나쁜 사람들이 문제를 해결하기 위해서 제일 높은 분을 만나러 찾아가는 곳이 교회입니다. 그 높은 분이 예배를 드리고 있습니다. 사람 죽이고 나쁜 짓을 제일 많이 했던 사람은 교회에서 기도를 하고 있습니다. 나중에 그 교회 집사님이란 분이 문제를 해결해 주시는데 그 장소는 술집입니다. 요즘 나오는 영화에서는 비리를 저지르는 많은 사람들이 교회를 다닙니다. 술도 마시고, 담배를 피우고 세상 사람들보다 더 악한 짓을 많이 합니다. 처음에 그 영화를 보면서 속이 상하고 답답했습니다. 술 먹고, 사기 치고, 나쁜 놈들이 다 교회를 다니는 겁니다. 그런데 그 날 밤에 일기를 쓰는데 맞다, 교회는 저런 곳이다. 저렇게 나쁜 놈들이 와서 조금씩 더 착한 사람으로 변해가는 곳이 교회지 처음부터 좋은 사람들만 모여서 좋은 곳이 교회가 아니라는 생각이 들었습니다.

나는 그 사람보다 깨끗한가? 아닙니다. 나도 그 조폭처럼 나쁜 놈입니다. 그 사람이 100가지 죄를 지었으면 나는 50가지 죄를 지은 것 뿐입니다. 예배를 드리면서 100개가 60개로, 60개가 50

개로, 50개가 30개로 줄어 든 것 뿐, 아예 착한 사람은 없습니다. 은혜를 자꾸 저금해야 합니다. 아무리 예배를 열심히 드려도 죄를 지으면 하나씩 까먹습니다. 은혜를 많이 받으면 죄를 지은 다음에 회개를 합니다. 그런데 은혜가 없으면 죄를 짓고, 또 짓고 계속 반복을 하면서 죄를 쌓아 갑니다.

많은 사람들이 나 같은 죄인이 무슨 은혜를 받냐, 나 같은 놈이 무슨 교회를 가냐며 교회에 가지 않습니다. 이런 생각 할 필요 없이 나 같은 놈이니까 은혜를 더 받아야 합니다. 나 같은 놈이니까 교회를 더 가야합니다. 어제 게임을 했습니까? 어제 술 담배를 했습니까? 어제 음란물을 봤습니까? 그러면 오늘 더더욱 교회에 가야합니다. 마귀는 "너 같은 놈이 무슨 교회를 가냐, 네가 무슨 목사야, 네가 무슨 전도사야, 집사야"라고 정죄를 합니다. 하지만 그렇기 때문에 하나님 앞에 용서를 비는 마음으로 잘못했다고, 주님을 찾는 것입니다. 절대 잊지 말아야 될 우리의 가장 중요한 믿음의 습관, 저금 합시다!

마태복음 10장 16절에 "보라, 내가 너희를 보냄이 양을 이리 가운데로 보냄과 같도다. 그러므로 너희는 뱀 같이 지혜롭고 비둘기같이 순전하라." 예수님이 제자들을 세상으로 보냈는데 양을 이리 가운데로 보낸 것 같다고 말씀하십니다. 이 땅에서 우리가 믿음을 지키고 살아간다는 건 이리 떼 가운데 양이 사는 것과 마찬가지입니다. 그러니 늘 긴장해야 합니다. 좌우사방을 살피고 앞뒤를 살피고 긴장감을 유지하면서 체력도 저금, 영력도 저금, 물질도 저금 그리고 쓸 수 있는 만큼 쓰고 남은 것들은 아까 말한 대로 가난한 자들과 소외된 자들과 나눌 수 있는 이런 삶이 이어져야 합니다. 놓고 씁시다! 저금하고 씁시다!

예배를 저축하면 약속을 받습니다. 축복을 받습니다. 하나님이 하십니다. 성령님이 하시는 일은 약속이 있기에, 저축이 있기에, 가장 위기 때에 어찌할 줄 모를 때 하나님이 일하십니다. 더 빈 맘으로 저축합시다. 약속을 위하여. 약속을 받기 위하여.

대가의 습관

결실의 계절 가을이 되면 누구나 열매를 기대합니다. 열심히 한 다음에 받는 대가. 이 대가에도 하나님께서 기뻐하시는 법칙이 있습니다.

노력 이상의 것을 바라지 마라

우리는 요행을 바랄 때가 많습니다. 그러다 내가 원하는 만큼 결과가 나오지 않으면 실망하고 낙심합니다. 성경에 있는 모든 사람들은 내가 한 만큼 받기를 바랍니다. 에스더는 죽으면 죽으리라고 결심합니다. 왕의 명령 없이 왕 앞에 나가면 죽을 수도 있는데, 난 무조건 죽지 않을 것이라는 기적을 바라지 않습니다. 바울도 복음을 전하면서 감옥에 갇히게 됩니다. 하나님께서 지키시니까 감옥에 절대 갈 일이 없을 거라고 생각했다면 시험에 들고 상처를 받았을 것입니다. 그런데 당연히 견뎌야 하는 일이라고 각오하고 받아들이니까 감옥에서도 찬양하고 기도합니다. 다니엘 친구들의 명대사가 있습니다. '그리 아니하실지라도.' 이 말은 내가 노력한 것 이상의 결과를 얻지 못한다 할지라도 전혀 실망하지 않겠다는 것입니다. 그런데 우리는 50밖에 안 해놓고, 80을 기대합니다. 30을 해놓고 80을 기대합니다.

한 교회가 큰 어려움을 당한 일이 있었습니다. 이유인 즉, 모든 교인들이 건축을 시작할 때 기도하고, 전도하고 철야를 하면서 어렵게 땅을 샀는데, 갑자기 그 땅이 개발이 돼서 땅 값이 수십 배가 올랐습니다. 그렇게 교회를 짓고 나니 이제 어려울 게 없다고 생각하고 기도도 안하고 나태해졌습니다. 그랬더니 교회 건물은 커졌는데 교회의 부흥은 멈춰버렸습니다. 건물이 커졌다고 부흥이 되는 것은 아닙니다. 교회에는 눈물을 심어야하고, 무릎을 심어야 하고, 예배를 심어야 합니다. 예배 없이 기도 없이 부흥은 절대 없습니다.

빈 마음을 가져야 한다

저는 사역 후 받는 사례금에 대해 후배 사역자들이 물으면 늘 주시는 대로 받자, 하나님께서 주시는 대로 받자. 그리고 모자란 것은 하나님께서 채우시는 것을 경험하자고 가르칩니다. 마음을 낮추고 하나님께서 주시는 대로 은혜 가운데 사역을 다니는 것. 이렇게 되기까지 꽤 오랜 시간이 걸렸습니다. 찬양하는 친구들은 자기가 부를 파트를 다른 사람에게 주면 속상해합니다. 우리가 성가대를 하거나 찬양 팀을 하는 것은 하나님을 찬양하고 영광을 돌리기 위함인데 사람들에게 박수 받고 인정을 받고 싶어 하는 마음이 많습니다. 그런데 빨리 빈 마음을 가지지 않으면 하나님께서 기뻐하지 않으십니다. 복음을 위해서라면 이름 없이, 빛도 없이 섬길 수 있어야 되는데, 상처 받고, 삐지고, 교회에 안 나오는 것은 진짜 빈 맘이 아니었다는 증거입니다.

빈 마음을 갖기 위해서는 철저한 복음의 사상가가 되어야 합니다. 예전에 어느 선교사님이 선교지에서 오랜 시간 사역을 한 후, 한국으로 들어오시는데, 한 어린 유명한 운동선수와 함께 같은 비행기를 타고 들어오셨답니다. 그 어린 선수는 일등석에서 내리자마자 대기하고 있던 기자들과 인터뷰를 하고 사진을 찍으며 환영을 받는데 선교사님은 3등석에서 작은 가방을 하나 메고 들어오시는 풍경이 연출되었습니다. 하지만 하나님의 눈에 그 선교사님의 귀국은 가장 귀한 금의환향입니다. 천국에 가 보세요. 천군 천사들이 빵파레를 울리고 예수님께서 멀리서 달려오셔서 끌어안아 주십니다. 우리가 받는 최고의 사례는 바로 영혼 구원입니다. 세상 물질과는 비교할 수 없는 귀한 사례입니다. 그것만으로 만족할 수 있다면, 주님 한 분 만으로 만족할 수 있다면, 그게 바로 천국입니다.

빈 마음으로 주를 위해 살아가며 천국에 소망을 두면 하나님의 지혜와 총명이 임합니다. 위로부터 오는 것을 찾지 않고, 내 것을 찾으려고, 내 뜻을 이루려고 하면 그대로 아웃! 욕심 부리지 마세요.

하나님은 계산하는 것을 제일 싫어하십니다.

무조건 충성하고, 대가 없이 희생합시다.

어둠을 이기는 습관

조금만 방심하면 의심이 생기고 어두운 생각이 밀려옵니다. 하지만 중요한 것은 그런 어두운 생각으로 끌려가면 안 된다는 겁니다. 어둠을 불러들이면 안 됩니다. 캄캄할 때는 무조건 한 줄기 빛을 따라 가야합니다.

정신 차리고 들켜라

실수했던 것은 무조건 들켜야 합니다. 의심했고, 걱정했고, 분노했고, 짜증냈고, 믿음의 사람으로서 하지 말아야 하는 행동을 했다면 빨리 들키는 것이 좋습니다. 부모님과 목사님은 속일 수 있지만 하나님을 속일 수는 없습니다. 예배 때 들키게 해달라고 기도해서 죄를 다 찾아내고 하나님 앞에 다 내어 놓으십시오.

떠나라

들키면 떠날 수 있습니다. 어두울 때는 사방을 막 더듬습니다. 그런데 불이 켜지자 만졌던 자리가 다 쓰레기였다는 것을 발견

하게 됩니다. 쓰레기장에서 막 굴러다녔던 것입니다. 불이 켜지면 다 보입니다. 믿음의 불이 켜지고, 예수의 불이 켜지면 죄 가운데 있는 내 모습이 보입니다. 그러면 그 자리를 떠나게 됩니다. 특별히 대학 신입생들이 오리엔테이션이나 엠티를 가서 갈등합니다. 맥주와 소주를 쌓아놓고 믿는 선배들과 친구들이 다 마시니까 고민합니다. 나도 먹어야 되나. 그 자리를 못 떠납니다. 하지만 결단하고 떠나야 합니다. 내가 이길 자신이 없으면 피하는 게 최선입니다. 떠나는 게 최고입니다. 예전에 제가 처음 예수를 믿고 한참 충만해서 명절 때 절을 하는 대신에 기도를 한 적이 있었습니다. 그 때 큰 형님께서 밥상을 엎으셨고, 6개월 동안 저에게 연락이 없으셨습니다. 힘들고 두려운 시간이 있었습니다. 그런데 6개월 후, 추석 때쯤 전화가 왔습니다. "야, 이번에는 네가 예배 드려." 하나님께서 결국 해결하신 것입니다.

씻어라

더러운 것을 만졌으면 씻어야 합니다. 예수님 앞에서 씻는 작업을 해야 합니다. 죄를 지었다고 죄책감에 빠진 삶을 살 게 아니라 회개를 하고, 정직하고 깨끗하게 용서를 구하고 원상복귀 시켜야 합니다.

모든 것이 달라질 수 있는 유일한 원동력은 들키고, 떠나고,

만져서 씻어버리는 것입니다. 마태복음 5장 25절에는 열두 해 동안 혈루증을 앓던 여인이 나옵니다. 그 여인은 예수님의 소문을 듣고, 예수님을 따라갑니다. 많은 사람들을 헤치고, 예수님을 따라 가서 예수님의 옷자락을 만집니다. 열두 해 동안 혈루증을 앓던 여인은 대인기피증이 있었을 것입니다. 몸에서는 늘 냄새가 나니까 열등감을 느끼고, 무리 속에도 가지 못했을 것입니다. 하지만 과감하게 무리 속으로 들어가 예수님을 만졌을 때 손을 대자마자 예수님께서 "딸아, 네 믿음이 너를 구원했다."고 말씀하십니다. 만지기만 했는데도 모든 것이 변화되고, 믿음으로 구원받게 됩니다. 여러분도 오늘 이 시간 주님 앞에 들켜서, 과감히 떠나서, 주님 손만 탁 잡으신다면 어떤 상황도 문제 되지 않을 것입니다.

내 안의 시험, 죽자!

외부의 시험, 참자!

마귀의 시험, 박치기하자!

하나님의 시험, 합격하자!

03 / 잠언 따라하기

10대는 뜻을 정하고 올인할 시기
-나이에 맞는 삶

나는 지금 10대에 맞는 삶을 살고 있는 걸까?

우리나라 사람들은 만나면 제일 먼저 나이를 물어봅니다. 그래서 나이가 자신보다 높으면 바로 존댓말을 합니다. 나이를 최고의 힘으로 삼습니다. 하지만 나이는 자신을 표현하는 수많은 단어들 중 하나입니다. 나잇값을 해야 한다는 말이 있습니다. 자기 나이에 맞는 사람이 되어야 한다는 것입니다.

10대 시절에는 꿈을 가지고 뜻을 정해야 합니다. 앞으로 주님을 위해서 어떻게 살아야 할지 비전을 가져야 합니다. 그리고 그것을 위해 열심히 달려가야 합니다. 다윗은 어린 시절 사무엘에게 기름 부음을 받고 삶이 달라지기 시작했습니다. 소년이었지만 골리앗을 만나도 두려워하지 않고 용감했습니다. '너는 칼과 단창으로 나아가지만 나는 살아계신 하나님, 만군의 여호와의 이름으로 나간다' 며 용맹스럽게 골리앗을 무찔렀습니다. 사무엘은 기도의 어머니 한나 덕분에 어린 시절부터 성전에서 자랐습니다. 성전에서 살면서 기도하며 하나님을 만나고 소명을 받았습니다. 요셉은 어렸을 때 꾼 꿈을 결국 이루게 됩니다. 12살의 소년 다니엘은 뜻을 정하고 고기를 먹지 않았습니다. 이처럼 하나님 앞에 일꾼으로 사용된 인물들은 어릴 때부터 뭔가 남들과는 달랐습니다. 위대한 인물들은 어린 시절에 벌써 결정되나 봅니다.

20대에는 용기와 패기, 열정이 있어야 합니다. 청년 때의 모세는 흥분을 잘 했습니다. 애굽 사람을 죽인 후에 도망자의 신세가 되었습니다. 베드로도 예수님께서 잡혀가실 때 칼을 가지고 군사의 귀를 잘랐습니다. 청년은 겁이 없어야 합니다. 청년의 나이에는 뒤를 돌아보지 않는 것입니다. 청년의 기도는 무모해야 합니다. 에스더는 '죽으면 죽으리라'고 결단하며 금식을 했습니다. 바울은 온갖 환난에도 굴하지 않고 당당하게 복음을 전합니다. 취업 때문에 결혼 때문에 주님을 멀리하고 계신가요? 20대는 나를 위해 준비하는 시기가 아니라 주님을 위해 목숨 걸고 아낌없이 드리는 때입니다.

어른들은 기도해야 합니다. 우리나라가 지금 잘 살고 있는 것은 예전 부모님 세대들의 눈물과 무릎이 있었기 때문입니다. 어른이 되면 복음의 후대를 위해, 나라를 위해 부르짖어야 합니다. 단지 물질과 명예를 위해서만 기도하는 것이 아닙니다. 우리의 기도는 오직 주님만 추구하는 것이 되어야 합니다. 그래서 만나 대신 말씀을, 생수 대신 성령을, 메추라기 대신 능력을 구하는 기도가 되어야 합니다.

즉, 어린 시절에는 뜻을 정하고, 청년 시절에는 목숨을 걸어 주님께 올인하고, 장년 시절에는 복음의 미래를 위해 기도해야 합니다.

전도서 3장 1절과 11절 말씀입니다. '모든 목적에는 때가 있고 때를 따라 아름답게 하신다.'
마귀의 계략은 때에 맞는 뜻을 져버리게 합니다. 10대 시절에는 사춘기라고 방황하게 만들고 20대는 취업 준비 때문에 주님을 잊게 만듭니다. 어른이 되면 자식 챙기기 바쁘다며 교회를 멀리합니다. 주님께서 주신 때를 따라 뜻을 이뤄드려야 합니다. 우리 나이에 맞는 가장 아름다운 행동을 합시다.

입술에 파수꾼을 세우자

말은 그 사람의 마음이고 마음은 영혼이고 영혼 속에는 말씀이 있다. 주님의 말씀이 들어가면 올바른 말만 하게 되어 있습니다. 그래서 우리는 늘 내 입에 자갈을 물리고 파수꾼을 세워달라고 기도해야 합니다.

주님께서 우리에게 부탁하신 일이 있습니다. '항상 기뻐하라. 쉬지 말고 기도하라. 범사에 감사하라' 입니다. 하지만 항상 기뻐하고 범사에 감사하는 건 쉽지 않습니다. 그래서 흔히들 말합니다. '무슨 재주로?' 늘 웃고 사냐고 말입니다. 기뻐할 일이 있고 감사할 일이 있어야 하지 않느냐고 불평을 합니다. 다른 사람들은 살만하니까, 예쁘니까, 잘 생겼으니까 기뻐하지. 여러분도 혹시 늘 원망하고 짜증내고 있지는 않나요? 나도 모르게 언어의 습관이 그렇게 길들여진 것은 아닐까요?

여러분이 입에 달고 사는 말은 무엇인가요? 습관적으로 '짜증나, 미치겠네, 재수 없어' 라는 말을 하는 사람들이 많습니다. 나도 모르게 이런 말이 나옵니다. 이런 말만 계속 하는 사람은 진짜로 말하는 대로 살아갑니다. 짜증나는 일, 화나는 일이 계속 생기게 됩니다. 말은 곧 나의 삶을 나타냅니다. 내가 생각하는 것이 그대로 말로 드러나기 때문입니다. 말 속에 내 마음이 들어 있고 마음은 영혼이고 영혼에는 말씀이 심겨집니다. 혹시 마음 속에 말씀이 아닌 불평, 원망, 짜증이 있지는 않은지 돌아보십시오. 내 속에 말씀이 있을 때만이 주님께서 기뻐하시는 말을 할 수 있습니다.

요즘 아이들의 특징은 욕이 마치 일상 언어처럼 되어버렸다는 것입니다. 밖에서 사역을 하다 인터넷을 하기 위해 가끔 PC방에 갑니다. 낮에 가면 초등학생 아이들이 말을 너무 험하게 하는 것을 봅니다. 게임을 하면서 욕을 입에 달고 살고 행동도 점점 난폭해집니다. 어른인 저도 무서워질 정도입니다.

언어는 주위의 영향을 쉽게 받습니다. 부모님 혹은 친구들과 같이 가까이 있는 누군가로부터 말입니다. 부모님이 욕을 많이 하면 자녀도 많이 하게 됩니다. 잘못된 것은 즉시 바꿔야 합니다. 부모님이 집사님이고 권사님이신데 욕을 한다면 자녀는 교회를 멀리하게 됩니다. 교회에 다니는 부모가 그런 모습으로 산다는 실망감이 아이들로 하여금 부모에 대한 신뢰를 져버리게 만듭니다. 우리는 죄를 짓고자 하는 본성이 있기 때문에 욕을 쉽게 흡수합니다. 쓰레기통에는 쓰레기가 있고 정수기에는 생수가 있습니다. 방법은 하나! 생수통으로 갈 건지 쓰레기통으로 갈 건지를 잘 선택하는 것입니다. 더러운 물을 깨끗하게 하는 건 시간이 오래 걸립니다. 하지만 깨끗한 것을 더럽게 만드는 건 매우 간단합니다. 내가 쉽게 내뱉은 욕 한 마디에 우리의 믿음이 사라질 수 있습니다. 언어의 습관을 고치십시오! 기쁨과 감사의 말, 긍정과 희망의 말을 하십시오! 주님께서 거하시는 입술이 되길 바랍니다.

잠언 18장 6절, 7절 말씀입니다. '미련한 자의 입술은 다툼을 일으키고 그 입은 매를 자청한다.' '미련한 자의 입은 그의 멸망이 되고 그 입술은 그의 그물이 된다.' 미련하게 내뱉은 말이 사람들과의 분란을 만듭니다. 말 한마디에 천냥 빚을 갚는다고도 하는데 어리석은 말은 분쟁만 만듭니다. '에이, 안 될거야', '진짜 되겠어?' 라는 어리석은 말 때문에 정말 안 되는 결과가 생깁니다.

주님께서 주시고 싶어도 여러분의 그런 말 때문에 손길을 거

두십니다. 아무리 어렵고 지쳐있어도 '할 수 있어, 해 보자!' 라고 한다면 정말 힘이 날겁니다. 아버지의 사업이 부도가 나더라도 '괜찮아, 월세로 산다고 해도 오순도순 더 재밌을 거야!' 라고 말한다면 기분 좋게 웃을 수 있을 것입니다. 하지만 더 이상 희망이 없다고 절망하는 말만하면 정말로 그런 일들이 일어납니다. 말의 습관을 고치십시오. 미련한 입술이 되지 말고 현명한 입술이 되길 바랍니다.

내가 자주 쓰는 말은?

　이상하게도 아이들이 유치원에 가기 시작하면 안 쓰던 말을 합니다. 학교에 가서 욕을 배워오기도 합니다. 부모님이 쓰던 말들을 네 살짜리 어린 아이가 똑같이 쓰기도 합니다. 아이들이 보기에 비속어는 신기하고 재미있어 보여서 쉽게 따라합니다. 그리고 그런 말들을 자꾸 하다 보면 입에 익어서 습관적으로 내뱉게 됩니다. 여러분들은 어떤 말을 자주 하고 계신가요? 저는 중학교 때부터 지금까지도 항상 '사랑합니다' 라는 말을 제일 많이 합니다. 어린 시절 일기 쓸 때도 항상 마지막은 '사랑합니다' 로 끝을 맺었습니다.

　광야에서 이스라엘 백성들은 무수히 많은 기적을 체험했습니다. 불기둥과 구름기둥으로 인도함을 받았고, 물이 없으면 바위를 쳐서 물을 마셨고, 먹을 것이 없으면 만나와 메추라기를 먹었습니다. 그런데도 불구하고 백성들은 하나님께 감사와 찬양으로 영광을 돌리지 않고 오히려 원망하고 불평을 했습니다. 분노하신 하나님은 '내 귀에 들린 대로 너희들에게 해주겠다' 고 말씀하셨습니다. 너희가 불평한 횟수만큼 광야 생활을 더 오래 하게 될 것이라고 경고하셨습니다.

그 원망과 불평을 모든 사람들이 다 하지는 않았을 것입니다. 항상 모든 일에는 주도하는 몇 명이 있습니다. 무리 속에 있던 한 사람이 '아, 맨날 만나만 먹나. 지겹다' 라고 불평하는 순간 옆에 있는 사람들도 이 소리를 듣고 같이 동조하게 됩니다. 말은 이처럼 영향력이 강합니다. 그래서 내가 어떤 말을 하고 주위의 사람이 어떤 말을 하느냐는 매우 중요합니다.

행복한 가정의 엄마 아빠는 기분 좋은 말을 합니다. 어머니가 아침에 웃으면서 밥을 차려주시고, 아버지가 집에 들어오실 때도 웃으면서 들어오십니다. 여러분의 말 한마디로도 행복한 가정을 만들 수 있습니다. 부모님께 나를 낳아주셔서 고맙다고, 속 썩여서 죄송하다고 당장 말씀드려 보십시오. 아버지가 회사에서 쌓였던 피로가 눈 녹듯 사라질 것입니다. 그리고 사랑이 샘솟듯 피어날 것입니다. 밥을 차려주신 어머니께 정말 맛있다고 한 마디만 해 보십시오. 맛있는 반찬이 더 늘어날 것입니다.

항상 마음에는 담고 있지만 막상 표현은 못하는 말이 있습니다. '사랑합니다' 라는 말입니다. 어느 날 어머니께 전화를 걸어서 '사랑합니다' 라고 했더니 어머니께서는 대뜸 거친 말을 하시면서 끊으셨습니다. 나중에 동네 할머니들이 모인 곳에 놀러갔었는데 다 큰 놈이 사랑해가 뭐냐고 놀리셨습니다. 알고 보니 어머니께서 동네 할머니들이 모였을 때 자랑을 하셨다고 합니다. 할머니들께서 다들 부러워 하셨습니다.

지금 곁에 있는 사람에게 사랑한다고 말해보십시오. 내가 습관적으로 쓰고 있던 말이 불평과 원망이었다면 이젠 바꿔보십시오. 감사와 행복이 넘치는 말을 해보십시오. 그럼 여러분의 삶뿐만 아니라 함께 있는 누군가도 여러분으로 인해 행복해질 것입니다.

잠언 5장 2절의 '근신을 지키며 분별력을 잃지 않으며 입술로 지식을 지키라.' 는 말씀은 말조심이 그 무엇보다 중요하다는 것을 알려주고 있습니다. 마음 속에 수많은 지혜와 지식이 있어도 말실수 때문에 모든 것이 다 무너질 수 있습니다. 내 입술에 파수꾼을 세워달라고 기도하십시오. 엎질러진 물을 쏟듯 돌이키지 못할 말실수를 하지 않도록 조심하십시오.

양심-굳어진 양심을 말랑말랑하게

우리 마음 속에는 양심이 있습니다. 그런데 누가 양심이 있냐고 물어보면 막상 대답하기가 어렵습니다. 몇 년 전에 '양심냉장고' 라는 프로그램이 있었습니다. 몰래카메라를 설치해 놓고 사람들이 양심 있게 행동하는지 살펴보는 내용이었습니다. 여러분이 비양심적으로 행동한 것이 찍히면 부끄럽고 싫을 것입니다. 내가 하면 급한 일 때문이고, 남이 하면 양심이 없어서 그런 일이라고 여기고 있지는 않는지 돌아보십시오.

우리 속에는 알게 모르게 양심 없이 행동하는 일들이 상당히 많이 있습니다. 새벽기도 차량을 봉사하면서 신호를 위반하기도 하고, 집사님들 중에서 술을 마시는 분들도 있습니다. 학생부·청년부 임원 모임을 술집에서 하기도 하고, 수련회 때 담배나 술을 가져오기도 합니다. 지난 번 캠프 때 어떤 학생은 소주를 세 병이나 마시고 집회에 참석했습니다. 이처럼 믿음의 양심을 저버리는 행동을 하는 교인들이 참 많습니다. 내 안의 양심을 가슴

아프게 한 일이 어떤 것들이 있나 살펴보고 이제는 그런 행동을 반복하지 않도록 고칩시다.

캠프나 집회 때 기도를 해야 하는데 잘 못하는 아이들이 있습니다. 집회 도중에 그 아이들을 향해 "기도를 못하게 막고 있는 것이 있다면 가져오세요"라고 하면 아이들이 숨겨 놓았던 담배를 가지고 옵니다. 그럼 그때부터 아이들은 스스로 무릎을 꿇고 눈물, 콧물을 흘리면서 기도가 터집니다. 휴대폰도 마찬가지입니다. 주머니 속에 휴대폰이 켜져 있기 때문에 은혜를 못 받는 겁니다. 주님 말씀을 듣기보다는 문자 보내느라 정신이 없기 때문입니다.

예수님을 믿는다는 여러분들의 입에서 끊임없이 욕이 나오는 것, 주말에 연휴가 길면 예배를 빼먹고 놀러가는 것, 토요 청년예배는 빠져도 괜찮다고 여기는 것도 양심없는 행동입니다. 은혜를 받았다면 짜증, 원망의 말보다는 기쁨과 소망의 말을 해야 합니다. 우리들의 말과 생각을 모두 감찰하시는 주님이신데 우리가 욕을 하면 얼마나 속상하시겠습니까. 지난 추석은 연휴가 길어 주말을 끼어서 가족여행을 가는 사람들이 많았다고 합니다. 교회 주차장에는 차량이 텅텅 비었는데 온갖 놀이공원, 관광

지에는 차가 밀릴 정도로 붐볐답니다. 예배는 생명이고 본업인데도 우리는 마음대로 예배를 조절합니다.

이젠 양심 선언을 해야 할 때입니다. 지난 날 잘못했던 여러분의 행동을 고백해 봅시다. 고백할 때 진정한 변화가 시작됩니다. 부모님 돈을 훔쳐서 죄송하다고, 예배시간에 휴대폰 가지고 장난친 것 죄송하다고, 예배를 아무렇지 않게 빠졌던 것 죄송하다고 용서를 구하십시오. 지금 우리는 양심이 굳을 대로 굳어서 잘못되었는지 조차도 모르고 있습니다. 내 속의 믿음의 양심을 회복시키십시오. 다시 한번 주님께 나가서 이전의 잘못을 기억나게 해달라고, 용서해 달라고 기도하세요.

여러분이 지금 보고 있는 것, 함께 하고 있는 친구, 모든 것을 조심하십시오. 양심 있는 친구가 곁에 있다면 여러분의 양심도 다시 회복 될 수 있습니다. 하지만 아무렇지 않게, 술을 먹고 담배를 피우고 음란물을 보는 친구와 함께 있다면 자신도 모르게 그 친구와 같이 될 수 있으니 조심하십시오. 드라마 속에서 나오는 불륜, 복수, 연애에 너무 빠지지 마십시오. 자꾸 보면 생각이 바뀌고 그럼 내 행동도 어느새 그런 것들을 따라하고 있을 수 있습니다.

우리의 양심은 오직 하나님으로만 회복될 수 있습니다. 일주일에 한 번, 한 시간 겨우 예배를 드리면서 그것도 졸면서 예배 드리면서 예배 드렸다고 하지 마십시오. 그 정도는 인공 호흡밖에 되지 않아서 양심은 쉽게 굳어버립니다. 수요일, 금요일, 토요일 예배에 모두 참석하시고 매일 말씀으로 큐티를 하십시오. 여러분의 삶 가운데 수시로 주님을 찾으십시오. 말씀은 유혹을 이길 수 있는 가장 강력한 힘이 됩니다.

잠언 21장 2절 말씀입니다. '사람의 행위가 자기 보기에는 모두 정직하여도 여호와는 심령을 감찰하시느니라.' 주님은 우리의 행동이 아닌 마음 깊은 곳의 진심을 보십니다. 내 행동이 올바르다고 해도 진심이 없고 위선이었다면 주님은 그 행동을 옳게 여기지 않으실 것입니다. 여러분의 굳어진 양심을 다시 회복시키고 반성해 보시길 바랍니다.

실패

내 안의 실패가 곧 나

지난 해 '나로호'를 발사하려고 했지만 실패했습니다. 이를 지켜 본 국민들의 실망과 슬픔이 컸습니다. 어마어마한 금전적 손실뿐 아니라 모두의 기대가 무너졌기에 더 가슴이 아팠습니다. 뉴스에서 이 소식을 전하는 데 끝맺는 말이 아주 멋있었습니다.

'나로호는 실패 했습니다. 그러나 한 번 실패가 끝까지 실패는 아닙니다. 포기는 없습니다. 우주 강국을 향한 우리 민족의 꿈, 우리의 도전에 포기는 없습니다.' 결국, 나로호 발사는 대성공을 거두었고, 오천 만 국민들에게 꿈과 희망을 주었습니다.

그런데 우리들은 너무 자주 포기하고 있지는 않은가요? 여러분들이 겪은 최근의 실패는 어떤 것이 있나요? 저는 개인 파산을 한 적이 있습니다. 법원에서 이름을 쓰는데 판사님이 제가 진행하던 극동방송 애청자였습니다. 임우현 전도사님 아니신가요? 전도사님도 파산을 하시나요? 라고 물어보는데 정말 부끄럽고 창피했습니다. 그때가 제 인생에서 가장 힘들었던 시기였습니다. 하지만 그런 아픔과 슬픔 속에서도 포기하지 않고 꿋꿋이 일어나서 주님을 붙잡았더니 지금까지 올 수 있었습니다. 중요한 건 어떤 어려운 상황에서도 포기하지 않는 것입니다.

우선 실패를 인정할 줄 알아야 합니다. 항상 자신의 잘못을 인정하지 않는 사람들이 있습니다. 잘못됐다고 그건 실패라고 누군가가 말해줬을 때에 놀라야만 고칠 수 있습니다. 놀라면 고칠 수 있는데 '나도 알아요' 라며 전혀 고칠 생각을 하지 않으면 고질병이 됩니다. 운전습관에서도 알 수 있습니다. 누군가 왜 그렇게 운전하냐며 지적하는데, 내가 언제 그랬냐며 반항하는 사람은 반드시 사고가 나게 돼 있습니다. 운전 습관을 고치라고 말해주었을 때, 놀라면서 고치는 사람은 다음부터는 안전하게 운전을 하게 됩니다.

더 많이 놀라십시오. 기말고사에서 시험을 망쳤다면 충격을 받아야 합니다. 그래야 다음에 더 열심히 공부해서 발전이 있을 수 있습니다. 성적이 안 좋은 데도 시험 끝났다고 노래방 가고 PC방 가고, 영화 보러 가는 것은 놀란 사람의 행동이 아닙니다. 다음을 준비하십시오. 시험을 망쳤으면 다음을 위해서 더 많이 분발해야 따라갈 수 있습니다.

　설교 말씀을 들을 때도 마찬가지입니다. 말씀을 듣고 놀라고 눈물이 터져야 합니다. 그런데 요즘 청소년들은 단순히 훈계처럼 지루하고 의미 없이 말씀을 받아들이는 것 같습니다. 설교를 그냥 설교로 받아들입니다. 엄마의 진심어린 충고를 '설교 하네'라며 비꼽니다. 말씀은 예리한 칼이 되어 골수를 쪼개야 내 안의 변화가 일어날 수 있습니다. 가슴이 나를 찌르고 눈물이 터지는 회개의 역사가 일어나야 합니다.

　숭실중학교 학생에게서 편지를 받은 적이 있습니다. '목사님께서 부흥회 하실 때 은혜를 받아서 욕, 도둑질, 거짓말을 다시는 하지 않기로 결심 했는데 음란물은 끊지 못했습니다. 부디 기도해주세요.' 라는 내용이었습니다. 그 아이의 고백이 너무 예뻤습니다. 마음 속에의 실패를 인정한 것이지요. 다 끊고 다 노력했는데도 마지막 하나, 음란물이 걸림돌이 되었답니다. 하지만 이젠 음란물을 볼 때마다 회개하고 돌이키면 언젠가 이것까지도 끊을 수 있을 것입니다.

　실패하고 놀랐다면 좌절하지 말고 기뻐하십시오. 다시 힘을 내어 전진하십시오. 교사부흥회를 다니면서 보는 것이 학생이

100명, 300명이면 부흥했다며 힘을 얻지만 10명이면 교사가 풀이 죽어 울상 짓고 있는 걸 보게 됩니다. 열 명이 모여 있을 때에도 죽도록 기뻐해야 천 명이 모일 때에도 기쁠 수 있습니다. 사람이 적다고 힘이 빠져 있다면 이미 소망이 없는 것입니다.

예수님은 열두 제자에게 올인 하셨습니다. 열두 명이 신약의 역사를 썼고 초대교회를 만들었고 복음을 전파했습니다. 그런데 우리는 복음에 미친 열두 명의 제자보다도 단지, 떡과 물고기만 먹고 사라진 이만 명을 원하고 있는 것이 아닐까요? 벌처럼 싸울 땐 싸우고 뭉칠 땐 뭉칠 수 있는 소수의 강한 군사보다 파리처럼 아무 것도 못하고 쓰레기 주변만 맴도는 많은 사람들을 원하고 있지 않나요?

모인 사람의 수가 적다해도 미친 듯이 기뻐하고 찬양하고 예배를 드리십시오. 그럼 예수님께서 우리들의 자아를 무너뜨리고 여러분들의 마음속에 임재하실 것입니다. 우리를 통해 부활하실 것입니다.

적지만 강한, 주님께 온전히 몸과 맘 바친 여러분을 통해서 역사하실 것입니다. 그럼 부흥이 되는 건 시간문제입니다.

잠언 24장 16절 말씀입니다.

'대저 의인은 일곱 번 넘어질지라도 다시 일어나려니와 악인은 엎드려지느니라.'

일곱 번 넘어져도 일어난다는 개구리, 외로워도 슬퍼도 울지 않는 캔디도 있습니다. 원하는 대학에 못 갈 수도 있고, 원하지 않는 삶을 살 수도 있습니다. 포기하지 마시고 다시 일어나십시오. 실패를 인정하고 놀라며 전진하십시오. 여러분의 슬픔을 기쁨으로 바꾸십시오. 그럼 먼 훗날 실패가 간증거리가 될 것입니다.

숨겨진 후회를 꺼내보자
- 후회를 통한 결단

날씨가 갑자기 추워지는 때가 있습니다. 시민들이 깜짝 놀랄 정도로 말입니다. 그 때 가장 많이 팔리는 것은 수면바지라고 합니다. 날씨가 추워지면 금방 난방용품을 준비할 수 있습니다. 늦더라도 준비할 수 있습니다. 이처럼 추위나 더위는 단 시간에 준비할 수 있지만, 갑자기 주님이 오시면 우리는 준비할 수 없습니다. 주님과의 관계를 바르게 하지 못한다면 반드시 후회하게 됩니다.

만나는 청소년들의 대부분은 후회를 합니다. 고등학생들은 중학생 때 더 공부를 열심히 할 걸 하면서 후회하고, 대학생들은 고등학생 때 왜 더 공부에 집중하지 못했나 후회를 합니다. 그러나 이뿐입니다. 후회만 하고 그칠 뿐 더 이상의 진전은 없습니다. 후회만 하고 똑같은 시간을 살아갑니다. 후회를 한 후에는 변화가 있어야 합니다. 그래야만 값진 후회가 될 수 있습니다. 후회의 좋은 점은 '이젠 그러지 말아야지' 라는 결단을 갖게 해 준다는 것입니다. 그리고 결단대로만 살아간다면 우리는 어제보다 나은 오늘을 살게 될 수 있습니다.

후회하는 사람들의 특징은 유혹에 쉽게 넘어가는 것입니다. 유혹은 보통 제일 가까운 사람들이 합니다. 다이어트의 적은 가족입니다. '괜찮아, 오늘은 먹고 내일부터 해.' 라는 말 한 마디 때문에 늘 넘어가고 맙니다. 학생들도 시험 때면 공부를 더 열심히 할 걸 후회를 합니다. 하지만 주위에 노는 친구들만 가득하면 결심은 쉽게 무너지고 맙니다. 후회를 했으면 결단을 통해 그대로 살기 위한 노력을 해야 하는데 금방 넘어집니다. 그러니 지금 내가 무엇을 할 것인가와 같은 거창한 계획을 세우기보다는, 내게 있는 나쁜 습관들을 하나씩 고쳐보십시오. 아침에 10분 일찍 일어나기, 술 먹지 않기, 담배 피지 않기. 이렇게 작은 습관들을 고쳐나가면 더 자극이 되어서 발전할 수 있습니다.

저는 가장 후회되는 일이 누군가에게 미안한 일을 했는데 자존심 때문에 금방 사과하지 못한 것입니다. 가장 가까운 사람들이랑 싸우면 자존심 때문에 먼저 말을 걸지 않습니다. 사실 내 곁에 제일 소중한 사람들인데 말입니다. 자존심을 세울수록 마귀는 더 기뻐합니다. 부모님이나 선생님 혹은 누군가에게 잘못한 일이 있다면 지금 바로 미안하다고 말해보십시오. 이제 잠도 더 잘 오고 밥도 더 맛있어질 것입니다. 고백하고 표현할 때 우리 마음은 한결 편해지고 행복해질 수 있습니다.

  잠언 12장 25절로 마무리하겠습니다. '근심이 사람의 마음에 있으면 그것으로 번뇌케 하나 선한 말은 그것을 즐겁게 하느니라.' 내 마음 속에 근심이 있으면 우리를 번뇌하게 만듭니다. 잠도 안 오고 밥도 맛이 없게 되는 것입니다. 하지만 선한 말을 내뱉고 나면 마음에 즐거움과 평안이 옵니다. 마귀는 우리에게서 기쁨을 뺏고자 합니다. 하지만 예수님은 항상 기뻐하라고 말씀하셨습니다. 구약을 한 절로 요약하면 '두려워하지 말라', 신약은 '염려하지 말라', 성령시대는 '기뻐하라' 입니다. 지금은 성령시대입니다. 우리가 항상 기뻐하고 있다면 승리하는 삶을 살고 있는 것입니다.

마음 - 내 마음은 하나님 것!

보여지는 모습과 자신이 진짜 원하는 삶은 다를 수 있습니다. 조용하고 얌전해 보이는 사람이 락음악을 즐기거나 스포츠를 좋아할 수 있고 활발하고 거칠어 보이는 사람이 시 쓰는 것을 좋아할 수도 있습니다. 방금 쓴 예는 저를 두고 한 말입니다. 저는 놀기 좋아하고 밝은 성격이지만 시 쓰는 것을 어렸을 때부터 좋아했습니다. 고1 때부터 마흔 살이 될 때까지 쓴 일기장만 40권이 넘습니다. 여러분 속에는 어떤 숨겨진 마음들이 있는지 속마음을 찾아서 하나님 것으로 채워봅시다.

첫째, 내 마음 속의 빼앗긴 마음을 찾아야 합니다. 삼손에게 하나님은 사명을 주셨습니다. 나라와 민족을 구하기 위한 힘을 주셨습니다. 하지만 정욕 때문에, 여인에게 마음을 뺏겨 모든 것이 물거품이 되었습니다. 힘의 근원도 사라지고 나라와 민족은 어려움에 빠지게 되었습니다. 사울은 사람들의 추대로 왕이 되었습니다. 하지만 시기, 질투를 하다가 결국 자살로 끝을 맺었습니다. 다윗이 왕이 될까봐 두려워하며 명예에 마음을 뺏긴 것입니다. 가롯 유다는 12제자 중 한 사람이 되는 영광스러운 위치에까지 올랐지만 결국 은 30냥에 예수님을 팔아버렸습니다. 돈에 마음을 뺏겨 자살로 생을 마치게 됩니다.

지금 무엇에 마음을 뺏기고 있습니까? 이성 친구 때문에 학생예배를 빠지고 있지는 않습니까? 고3이 되었다고 공부해야 한다며 예배를 빠지고 있지는 않습니까? 크리스마스는 예수님께서 태어나신 날인데 친구들과 놀러갈 계획을 짜고 있지는 않습니까? 이제 수능이 끝났다고 아르바이트하기에 바쁘지는 않은지 돌아보십시오. 모든 것의 근원은 마음에서 시작된다고 했습니다. 주님은 다른 어떤 것보다도 여러분의 마음을 보십니다. 하나뿐인 마음 주님께 아낌없이 드리십시오.

두 번째, 주님의 마음을 받아야 합니다. 사울은 사람들이 원해서 세워진 왕이었지만 다윗은 하나님이 원한 왕이었습니다. 하나님의 마음에 합한 자라고 성경은 말하고 있습니다. 다윗은 어떤 상황 속에서도 주님께 찬송하며 감사와 영광을 돌렸습니다. 솔로몬은 일천 번제를 드리고 하나님의 마음을 감동시켜 지혜를 얻게 되었습니다. 많은 왕들은 부와 명예를 원했고 그것을 누리

다가 망했지만 솔로몬은 하나님이 원했던 것을 구했습니다. 그래서 구하지 않은 것까지도 모두 얻었습니다. 나중에 솔로몬은 결국 일천 명이 넘는 아내를 얻어 그들에게 마음을 빼앗기게 됩니다. 그 결과 나라가 둘로 갈라지게 됩니다. 우리는 늘 주님의 마음이 어떨지 생각해 봐야합니다. 나의 지금 이런 행동, 이런 말이 주님 보시기에 기쁠까 생각해 보십시오.

잠언 23장 26절. 내 아들아 네 마음을 내게 주며 네 눈으로 내 길을 즐겁게 할지어다.

우리들의 눈은 마음이 있는 곳으로 향합니다. 지금 무엇을 보고 있습니까? 스스로에게 물어보고 고백해 보십시오. 내 마음을 주님 것으로 채우기 위해서는 먼저 이전에 있던 것들을 깨끗이 비워야 합니다. 찬송보다 가요를 더 좋아하는 습관도 고치십시오. 드라마에 너무 빠져있는 것도 고치고 여러분의 모든 환경을 주님이 좋아하실 만한 것으로 만드십시오. 그러면 마음도 온통 주님으로 가득 차 있을 것입니다.

불안함-맡기자 맡기자 맡기자

숨겨진 불안함을 찾아서

많은 학생들은 시험을 두려워합니다. 집회를 가도 시험기간에는 학생들이 많이 줄어듭니다. 시험 기간만 되면 예배 드리는 아이들이 적어지는 것이 모든 교회 선생님들의 고민입니다. 하지만 이제는 시험 기간에 예배드리는 아이들이 줄어드는 것을 당연하게 여기고 인정합니다. 부모님, 선생님들도 말입니다. 학생들은 시험만 다가오면 두렵고 걱정이 된다고 합니다.

우리 안에는 늘 근심, 걱정이 많습니다. 하지만 넉넉히 이길 수 있습니다. 집에 도둑이 들어오면 경찰서에 신고를 합니다. 그러면 적어도 10분 안에 와서 도둑을 잡아줄 거라고 믿습니다. '에이, 신고한다고 올까?' 이렇게 여기는 사람은 없을 것입니다. 하나님과의 관계도 이와 마찬가지입니다. 내 안에 걱정, 불안이 있을 수 있지만 내가 이 모든 것을 떠안고 산다면, 들어오려는 경찰을 막고 있으면서 벌벌 떠는 것과 같습니다. 도둑이 왔다는 걸

알았으면 경찰서에 신고하고 경찰이 해결해 줄 거라는 걸 믿으면 됩니다. 불안함과 두려움을 느낀다면 하나님께 맡기고 더 이상 걱정을 안 하면 됩니다. 여러분 안에 맡기지 못한 불안감은 어떤 것들이 있습니까?

충격적인 사건을 겪고 나면 그 일은 결코 잊혀지지 않습니다. 공부를 못해서 성적표 때문에 혼났던 기억이 누구에게나 있을 것입니다. 선생님이나 부모님께 맞은 기억도 있을 것입니다. 이렇게 한 번 혼나고 나면 앞으로도 계속 낮은 점수를 받을 것 같은 불안감에 시달리게 됩니다.

저도 실수한 적이 많습니다. 목사가 되고 난 후 처음으로 예배를 인도했을 때 설교 원고도 열심히 준비했고 자신감에 가득 차 있었습니다. 이제 '사도신경 하심으로 예배를 시작하겠습니다.' 하고 시작해야 하는데 너무 떨려서 그만 '사도행전하심으로 예배를 시작하겠습니다.' 라고 말했습니다. 얼마나 놀랐는지 아직도 기억이 생생합니다. 또 한 번은 결혼식 때 축도를 하게 되었습니다. 양가 모두 사역자 집안의 자녀였고 훌륭하신 목사님들이 많았습니다. 저는 갓 목사가 되었을 때였습니다. 그런데 그만 저도 모르게 '이제는 우리 주 예수그리스도… 하나님… 축원합니다.' 라고 말을 해버렸습니다.

예수 그리스도 다음 말이 생각이 안나서 까마득했습니다. 그래서 얼떨결에 말을 한다는 게 그렇게 되어버렸습니다.

마귀의 특징은 이전의 죄를 들추어내서 사람을 불안하게 만드는 것입니다. 하지만 성령님은 죄를 깨닫게 하시고 평안을 주십니다. 안되면 고치면 되니까요. 주님께서는 염려하지 말고 근심하지 말라고 하십니다. 모세가 죽은 후 여호수아는 늘 불안했을 것입니다. 그런 여호수아에게 주님은 강하고 담대하라고 끊임없이 말씀해 주셨습니다.

여러분 때의 불안감은 앞날에 대한 두려움 때문일 것입니다. 수능이 끝난 후 학교 앞에는 대문 짝만하게 현수막을 내겁니다. 어느 대학 몇 명 보냈다고 말입니다. 마치 그런 대학에 못 가면 인생의 패배자가 되는 것 같은 기분이 들게 됩니다. 나는 갈 수 있을까 걱정되기 시작합니다. 그런데 놀라운 건 예수님의 제자 중에는 명문대 출신이 없습니다.

예수님이 제자로 쓴 사람들은 오직 예수님을 위해 목숨 걸며 무식할지라도 끝까지 따른 사람들이었습니다. 마지막 저 하늘에서 우리들의 이름이 있는 현수막이 걸려있고 꽃가루가 떨어질 것입니다. 예수님이 달려와서 우리를 반겨주실 것입니다. 그 날을 그리면서 두려움 없이 믿음을 가지고 전진합시다.

잠언3장 6절 너는 범사에 그를 인정하라. 그리하면 네 길을 지도하시리라.

우리가 범사에 주님을 인정한다면 불안하고 두려울 이유가 없습니다. 주님은 실수로 우리에게 고난을 주시는 분이 아닙니다. 다 뜻이 있고 때가 있는 것입니다.

내 안에 숨겨진 욕심을 찾아라.
-내 욕심 버리고 하나님 욕심 채우고

시험 기간만 되면 학생부 출석 인원이 확 줄어듭니다. 공부를 그리 열심히 하지 않던 친구들도 시험 기간이 되었다고 예배부터 빠집니다. 평소에는 열심히 믿는 것 같은 친구도 시험 기간이면 믿지 않는 사람과 차이가 없어집니다. 눈앞의 시험 때문에 가장 중요한 예배를 빠집니다. 예배는 선택받은 하나님의 백성만이 누릴 수 있는 귀한 특권인데도 말입니다.

25살의 프로바둑기사 조해연 자매가 있습니다. 지난 해 아시안게임 금메달리스트였고 우리나라 여성 프로 기사 중에서는 랭킹 1위인 최우수 선수입니다. 이 자매는 수원에 있는 교회를 다니는 크리스천입니다. 그래서 주일 예배를 드리기 위해 아시안게임 페어 전 결승을 포기했습니다. 페어 전은 주일에 시작하기 때문에 예배를 빠질 수 없어 포기한 것입니다. 이 담대하고도 멋진 결정 때문에 많은 사람들이 비난을 했습니다. 나라의 이름을 건 국가대표 선수였으니까요. 믿지 않는 사람들은 엄청난 욕설을 퍼부었습니다.

　자매는 사람들의 비난에 힘든 시간을 보내다가 인터넷에 답글을 남겼습니다. '내 힘으로는 나가고 싶었지만 주님의 은혜로 나갈 수 없었다. 내 힘으로는 경기를 포기하는 것이 가능하지 않아도 주님의 은혜로 그렇게 살게 되길 바랄 뿐이다. 내게 바둑은 삶의 모든 것이었지만 예수님을 만난 후 부터는 내 삶의 일부분이다. 내 삶의 전부는 하나님이다.' 우리를 부끄럽게 만드는 너무나 멋진 고백입니다. 우리의 전부는 무엇인가요. 하나님보다 사랑하는 것들이 많지 않은지 돌아보십시오.

　내가 포기하지 않은 욕심 때문에 예배를 못 드리게 됩니다. 좋은 대학교에 붙으면 교회에 나오고 수능 성적이 낮게 나오면 부끄러워 교회에 나오지 못하는 것은 아닌가요? 어머니의 아들을 향한 꿈은 의료선교라고 하는데, 의사가 먼저인가요, 선교가 먼저인가요. 선교가 먼저라면 예배를 먼저 드려야 하는데 예배는 제일 먼저 빠지면서 학원에는 열심히 다니고 있지는 않습니까? 그럼 우선순위가 바뀐 것입니다.

　우리 안에는 세상에서 말하는 성공을 따르고 싶은 욕심이 있습니다. 돈을 많이 벌고, 좋은 스펙을 따고, 좋은 차나 집을 가지고 싶은 생각이 있다면 모두 십자가에 못 박으십시오. 그렇지 않으면 결코 주님의 제자가 될 수 없습니다. 포기하는 자세를 가지십시오. 내 노력으로 최선을 다했지만 결과는 빵점이 나올 수도 있습니다. 하지만 하나님께서 백점이라고 말해주실 수 있습니다. 그저 성을 일곱 바퀴 돌았던 여호수아 군대의 모습을 멍청한 행동이라고 여겼을 수도 있습니다. 하지만 순종하는 모습은 백점이었습니다. 결국 여리고성은 무너졌습니다. 내 욕심을 버리고 하나님으로 채우십시오. 그럼 주님께서 그 길을 인도해 주실 것입니다.

잠언 6장 9절~11절 게으른 자여 네가 어느 때까지 눕겠느냐. 네가 어느 때에 잠이 깨어 일어나겠느냐. 좀 더 자자. 좀 더 졸자. 손을 모으고 좀 더 눕자 하면 네 빈궁이 강도 같이 오며 네 궁핍이 군사 같이 이르리라.

시험기간에 예배를 드렸습니까? 그럼 예배드린 시간보다 더 많이 투자해서 열심히 공부하십시오. 자는 시간은 그대로면서 예배시간을 줄이지 마십시오. 우리는 예배드리기 위해 사는 것입니다.

계획의 습관

잠언 11장 27절.
선을 간절히 구하는 자는 은총을 얻으려니와 악을 더듬어 찾는 자에게는 악이 임하느니라.

부담되는 계획들을 세우셨습니까? 그 계획이 선을 찾는 계획이었다면, 주님께 더 나아가기 위함이었다면 하나님께서 도와주실 것입니다. 계획을 실천할 수 있는 힘을 주실 것입니다. 아이가 아무리 자전거를 타고 싶어 해도 얻을 수 있는 것은 부모님을 통해서입니다. 부모님 마음에만 들도록 행동한다면 자전거는 저절로 생기는 것입니다. 하나님의 은총이 임할 수 있는 계획을 세우시고 지키길 바랍니다.

왕년에~ No! 옛날에~ Yes!

세상을 살만큼 살았다고 하는 어른들 중에는 '왕년'을 얘기하는 사람과 '옛날' 얘기하는 사람이 있습니다. 내가 왕년에는 남자들이 줄을 설만큼 잘나갔었지. 왕년에는 돈도 많고 멋진 집에 살고 있었지. '왕년'은 이전에는 형편이 좋았지만 지금은 더 나빠졌다는 것입니다. 그래서 옛날을 추억하면서 아쉬워하고 그때를 그리워하는 것입니다. 즉, 현재가 행복하지 않다는 의미입니다.

옛날에는 참 부족하고 어려웠었는데, 어느새 지나고 보니 이만큼 주님이 채워주셨어. 모든 것이 하나님의 은혜구나. '옛날'은 이전에는 힘들고 고통스러웠지만 지금은 더 나아지고 행복해진 것입니다. 슬픔이 변해서 기쁨이 된 것입니다. 여러분은 '왕년' 얘기와 '옛날' 얘기 중 어떤 얘기를 하고 싶으신가요?

저의 옛날은 부족하고 어려웠습니다. 24살에 사역을 시작했습니다. 부끄럽지만 솔직한 마음으로는 유명해지고 싶었습니다. 그래서 누군가 큰 콘서트를 기획하면 저도 기획하고 사회자로 섰습니다. 남들이 크고 대단한 것을 하면 저도 꼭 따라했습니다. 돈을 벌고 이름도 높이고 세상의 기준에 따르는 행복한 삶을 살고 싶었습니다. 사례비도 많이 주는 곳을 더 가고 싶어 했습니다. 주님을 위해서 산다고 했지만 실은 나를 위해서 산 것입니다.

하지만 이젠 방황의 끝에서 벗어나 깨지고 무너졌습니다. 저를 버리고 주님으로 채우기 위해 노력중입니다. 사례비도 전혀 신경 쓰지 않습니다. 기름 값도 안될 만큼 사례비를 받을 수도 있지만, 주님께서 부르시는 곳이라면 어디든지 갑니다. 먼저 사례비를 말하지 않습니다. 내가 유명해지고자 복음을 전하지 않습니다. 한 영혼을 더 살리고 싶은 마음으로 전합니다. 간절한 마음으로 눈물을 담아 외치고 오직 하나님의 통로로 쓰임받기 위해서 훈련 중입니다.

사울은 왕으로 시작했습니다. 사무엘에게 기름 부음을 받고 백성들이 원했던 왕이었습니다. 하지만 결국엔 일가족이 모두 죽고 자살로 생을 마감합니다. 왕년에는 잘나갔었지만 점점 교만해졌습니다. 악신을 내쫓아준 다윗도 모른 척했습니다. 하나님께서 결국 버리셨지만 끝까지 자기 이름을 높이려고 애썼습니다.

반면에 다윗의 옛날은 힘들고 어려웠습니다. 미친 척 하면서 끊임없이 도망 다녔습니다. 하지만 그 가운데서도 주님을 찬양하며 기뻐했습니다. 나의 모든 것을 다 아시는 주님이라고 고백하고 나의 목자라며 만족하고 감사와 영광을 올려 드렸습니다. 끝까지 겸손하니깐 결국 하나님께서 존귀한 자라고 불러주셨습니다.

왕년에 잘했던 것은 잊고 옛날 애기하면서 살아야 합니다. 비록 지금은 말할 수 없는 고통과 아픔 속에 있다고 하더라도 기뻐하십시오. 이 아픔을 축복으로 바꿔주실 주님을 기대하시고 고난을 통해서 나를 주님 곁에 두려고 하심을 깨달으며 감사하십시오.

오병이어 때 보리떡을 먹은 사람은 2만 명이 넘었습니다. 하지만 그들을 통해서 주님께서 어떤 일도 하지 않으셨습니다. 역사가 일어나지 않았습니다. 그들은 떡과 물고기만 먹고 다시 가버렸습니다. 하지만 복음을 위해 목숨을 건 11명의 제자를 통해서 초대교회가 세워졌습니다. 가는 곳마다 성령의 불이 붙었고 제자들은 모두 순교했습니다. 여러분은 2만 명 중에 있나요, 아니면 11명 중에 있나요. 세상의 부귀영화에 매달리지 마십시오. 우리는 하나님을 위해 수고하는 것이고 목적은 영혼 구원에 있는 것입니다.

잠언 8장 34절 누구든지 내게 들으며 날마다 내 문 곁에 서서 기다리며 문설주 옆에서 기다리는 자는 복이 있나니 대저 나를 얻는 자는 생명을 얻고 여호와께 은총을 입을 것임이니라.

지금 삶이 힘들다고 하나님을 포기하지 마시고 끝까지 주님 곁에 매달리십시오. 나의 아픔을 축복으로 바꿔주실 때까지 놓지 말고 기도하십시오. 생명을 주시고 은총을 베푸시는 주님을 믿으면서 기다리십시오.

세 가지 모두 받자

십만 원 짜리 지폐와 만 원 짜리 지폐 이렇게 두 장이 있습니다. 무엇을 가지고 싶으신가요? 어떤 것을 선택하실 건가요? 당연히 둘 다 가져야 합니다. 좋은 것은 다 가져야 합니다. 하나님도 여러분들에게 주고 싶은 것이 있으십니다. 물권, 영권, 인권. 이 세 가지는 모두 함께 받아야 합니다. 마리아는 영권, 요한나는 물권, 수산나는 인권이 있었습니다. 이들은 함께 있어 예수님의 사역을 도왔습니다. 하나라도 부족하면 하나님의 역사가 온전히 이뤄질 수 없습니다.

첫 번째, 물권을 받아야 합니다. 엘리야는 도망자의 신분이었지만 굶어죽지 않았습니다. 절망하고 있을 때 까마귀가 날아와서 음식을 가져다 주었습니다. 이스라엘 백성들도 광야에서 배를 곯지 않았습니다. 하나님께서 만나와 메추라기로 채워 주셨습니다. 하나님의 일을 하는데 있어 돈이 부족하면 일을 진행시킬 수 없습니다. 또 하나님 보다는 사람을 더 의지하게 됩니다.

우리는 물권을 받을만한 사명과 이유가 있어야 합니다. 바로 마음껏 선교하고 헌금하기 위해서입니다. 물권을 받을만한 이유가 주님 앞에서 올바를 때 비로소 주십니다.

　두 번째, 인권을 받아야 합니다. 사람을 만나는 것은 중요합니다. 만남은 최고의 축복입니다. 맞지 않는 사람과 결혼을 하면 평생이 불행해집니다. 학교생활에서 잘못 만난 친구 한 명 때문에 방황의 길로 빠질 수 있습니다. 내 주위에 어떤 사람이 있는지, 내가 누구를 만나고 있는지 깊이 생각해 봐야 합니다. 답을 알고 진심으로 훈계해 줄 수 있는 스승이 있다는 것만큼 든든한 일은 없습니다.

　세 번째, 영권을 받아야 합니다. 영권은 가장 중요합니다. 엘리야가 승천하자 엘리사가 따라갑니다. 엘리사는 엘리야의 갑절의 영권을 달라고 기도합니다. 돈이나 명예를 달라고 기도하지 않았습니다. 그래서 엘리야는 7번의 기적을 일으켰지만 엘리사는 14번의 기적을 일으키게 됩니다. 이처럼 영권을 먼저 받아야 합니다. 그러면 인권과 물권은 따라 옵니다. 내가 하나님의 뜻을 올바로 알아야 물건도 사람도 지혜롭게 쓸 수 있기 때문입니다. 어떤 것도 하나님보다 우선이 되는 것이 있으면 안 됩니다.

작년에 하늘스쿨 건물을 완공했습니다. 당시에는 6명의 학생 뿐이었습니다. 그런데 건물은 10억짜리입니다. 6명의 학생을 위해 그런 건물을 짓는다는 건 말도 안 되는 일이었습니다. 하지만 하나님은 복음을 위한 일이기에 부족하지 않게 채워주셨습니다. 다음 세대를 위한 복음의 일꾼을 만들기 위한 학교이기에 주님께서는 봉헌 예배로 드릴 수 있도록 역사해 주셨습니다.

대학생들에게 안타까운 것이 있습니다. 은혜를 받았지만 헌신은 나중에 하겠다고 합니다. 결혼하고 취직하고 자리가 안정되면 그때 예수님을 위해 열심히 일하겠다고 합니다. 하지만 시간은 점점 흘러가고 있습니다. 지금 내가 하지 않는다면 하나님은 반드시 준비한 다른 누군가를 통해서 일하실 겁니다. 못한다고 하지 말고 지금 하십시오. 하나님을 위해 살고 싶다고 결단하고 진짜로 그렇게 살아보십시오. 영권, 인권, 물권 어느 것 하나 부족함 없이 채워주실 것입니다.

잠언 4장 23절 무릇 지킬만한 것보다 네 마음을 지키라. 생명의 근원이 이에서 남이니라. 27절 우편으로나 좌편으로나 치우치지 말고 네 발을 악에서 떠나게 하지 말라.

여러분의 마음을 주님께만 향하도록 온전히 지키십시오. 우리는 좁은 길을 가야합니다. 영권보다 인권, 물권을 먼저 받으려고 헤매지 마십시오. 여러분이 노력해서 얻는 것이 아니라 하나님께서 때가 됐을 때 주시는 것입니다. 가장 먼저 영권을 받기 위해, 내 마음을 주님만이 다스릴 수 있도록 다짐하십시오.

하나님의 도움 받으려면?

사탕가게에 어린 아이가 왔습니다. 아저씨는 아이에게 두 손으로 사탕을 먹고 싶은 만큼 집어가라고 말합니다. 그런데 아이는 사탕을 안 집겠다고 합니다. 왜냐고 물었더니 아저씨 손이 더 크니까 아저씨 손으로 집어달라고 하는 것입니다. 그렇습니다. 우리의 힘으로 하는 것이 아닌 하나님께서 해 주실 때 더 큰 승리를 거둘 수 있습니다. 그럼 어떻게 해야 하나님의 도움을 받을 수 있을까요?

첫 번째, 심부름을 잘 해야 합니다. 어린 시절 우리가 부모님께 예쁨 받으려고 하던 일들이 있습니다. 구두를 닦기도 하고 설거지를 하기도 하고. 하지만 가장 많이 했던 일은 바로 심부름입니다. 부모님께서 우리들에게 심부름 시킬 때 불평하지 않고 잘하면 기특하다고 칭찬해 주십니다.

다윗이 왕의 자리까지 오를 수 있었던 사건의 시작은 무엇이었을까요? 바로 '심부름'이었습니다. 부모님은 다윗에게 전쟁터에 있는 형들을 위해 도시락을 가져다주라고 심부름을 시킵니다.

'전쟁터는 위험한데 어떻게 거기까지 가요.'라며 다윗이 짜증을 내고 가지 않았다면 골리앗을 만날 수 없었을 것이고 골리앗을 돌멩이로 무찌르는 일은 일어나지 않았을 것입니다. 그럼 다윗이 영웅으로 되는 일도 없고 결국 왕의 자리에도 오를 수 없었을 것입니다. 별 거 아닌 것 같아 보이는 작은 심부름이 사실은 큰 일을 이루는 받침돌이 된 것입니다.

하나님께서는 여러분을 도와주시기 위해 기다리고 계십니다. 여러분이 도움을 받지 못하고 있는 것은 주님께서 시킨 심부름을 하지 않았기 때문입니다. 곰곰이 생각해 보십시오. 주님께서 내게 시키신 일이 무엇이 있는지. 나는 그 일을 순종하며 따르고 있는지. 내가 하고 싶은 대로 살면서 주님의 뜻을 내팽개쳐 버린 건 아닌지 말입니다.

두 번째, 증표를 받아와야 합니다. 심부름을 한 다음에는 증거가 있어야 합니다. 물건을 산 다음에는 영수증을 받아야 무엇을 샀는지 돈은 맞는지 확인할 수가 있습니다. 다윗은 부모님의 심부름을 하러 갑니다. 그런데 그 곳에서 골리앗을 만나 무찌릅니다. 이것이 다윗의 심부름의 증표입니다. 만약 골리앗을 만나지 못했고 만났다고 해도 죽이지 못했다면 다윗이 심부름을 정확히 했는지 알 수 없었을 것입니다. 요셉이 꿈을 해몽해 줬는데 그 꿈이 틀렸다면 하나님의 도움을 받지 못한 것입니다. 요나가 하나님의 심부름으로 니느웨에 갔는데 백성들이 회개하지 않았다면 얼마나 낙심이 됐을까요?

무엇인가를 했는데 그 일이 제대로 이루어지지 않았다면 점검해 봐야 합니다. 하나님께서 원하시는 일이 아니었는지 고민해 봐야 합니다. 하나님의 일은 안 되는 것이 이상하니까요. 하나님께서는 당신의 뜻이라면 가는 길을 막지 않으십니다.

저에게도 증표를 받은 일이 있었습니다. 하늘스쿨에서는 이성교제를 금지하고 있습니다. 그런데 아이들이 모여 있는 학교인 이상 서로에게 호감이 가고 결국은 심각한 문제로까지 번지게 되었습니다. 그래서 제가 심하게 화를 냈었습니다. 그래서 간식 일주일간 금지라는 엄청난 벌을 내렸습니다.

우습게 들릴 수도 있지만 저희 학교에서 간식 금지는 제일 큰 벌입니다. 아이들에게 화를 크게 낸 후에 저도 마음이 안 좋았습니다. 하나님의 뜻이 아닌 나의 개인적인 감정으로 혼낸 것은 아닌지 생각했습니다. 이틀 후에 아이들에게 영상 편지를 받았습니다. 단순히 나의 감정으로 야단친 것이 아니라는 증거를 받은 것입니다. 자신들이 잘못했다면서 목사님을 사랑한다는 내용이었습니다. 그날 밤 감동에 겨워 혼자 조용히 울었습니다.

하나님은 지금 이 순간도 여러분을 도와주기를 원하십니다. 그러니 부디 주님께서 시킨 심부름을 잊지 말고 열심히 하십시오. 불평하거나 원망하지도 말고 무조건 순종하면 축복과 응답이 시작됩니다. 심부름을 했다면 증표를 받아오십시오. 하나님의 일이었다는 증거를 가지고 넘어질 때마다 증거를 붙잡고 다시 일어서십시오.

잠언 19장 21절
사람의 마음에는 많은 계획이 있어도 오직 여호와의 계획이 완전히 서리라.

하나님의 계획은 아버지의 계획과 같습니다. 아버지는 심부름을 시킵니다. 차키 좀 가져와 봐. 구두 좀 닦아줄래? 그런데 그때마다 "왜요? 귀찮아요."라며 말대꾸하고 불평하면 얄미울 것입니다. 하나님의 뜻을 이루기 위해 시키신 심부름을 절대 거절하지 마십시오.

예수 잘 믿는 법

우리의 소원은 예수님을 잘 믿고 늘 영적으로 충만한 것입니다. 그럼 예수님을 잘 믿는 사람은 어떤 사람일까요? 주일, 수요, 금요 예배는 드리고 있나요? 기도는 하루에 몇 분 정도 하나요? 큐티는 매일 하고 있나요? 여러분을 한 번 점검 해보십시오. 지금 여러분의 예배 습관, 기도 습관을 말입니다. 점검하지 않으면 알 수 없고 그럼 발전이 없습니다. 점검해 봤다면 이제 어떻게 하면 예수님을 더 잘 믿을 수 있을지 방법을 가르쳐 드리겠습니다.

예수를 잘 믿기 위한 방법 첫 번째는 겁이 많아야 합니다. '예수천당 불신지옥' 이라는 말을 듣고도, '에이, 지옥이 어딨어' 라고 생각하는 사람은 예수를 잘 믿을 수 없습니다. '나 이러다가 진짜 지옥가면 어떡하지' 라는 두려움이 있어야 합니다. 떨려야 합니다. 어린 시절 구멍가게에서 저도 모르게 껌을 훔친 적이 있었습니다. 두근두근 심장이 터질듯이 떨려서 결국 자백을 했습니다. 만약 그때 제 심장에 아무런 반응이나 두려움이 없었다면 언젠가 또 같은 짓을 반복했을 것입니다. 우리는 죄를 지을 때 항상 떨려야 합니다. 주일 예배에 빠지고 여행가고, 하나님 믿는다면서 점을 보러 가거나 이와 같은 행동을 하면 벌을 받을 것 같다는 무서움과 죄책감이 있어야 합니다. 다윗은 우리야의 아내를 범한 잘못 후에 침대가 젖도록 울면서 회개를 했습니다. 그만큼 주님을 두려워한 것입니다.

두 번째, 욕심이 많아야 합니다. 욕심이 많아야 한다니 선뜻 이해가 되지 않을 것입니다. 이때 욕심은 하나님을 향한 욕심입니다. 더 많이 주님을 만나고 싶다. 옆에 있는 저 친구보다 더 은혜 받고 싶다. 이런 욕심을 가지고 있어야 합니다. 목마른 사슴처럼 갈급해 하는 자에게 주님은 넘치도록 은혜를 주신다고 했습니다. 의에 주리고 목마른 자에게 배부르도록 채워주겠다고 약속하셨습니다. 세상에 있는 것에 욕심을 내지 마십시오. 멋진 옷, 신발, 예쁜 머리스타일. 이런 것을 시기하지 말고 나보다 더 주님과 가까이 있는 사람을 시기하고 내가 그 사람보다 더 주님과 동행하고 싶다고 기도하십시오.

세 번째, 똑똑해야 합니다. 열심히 공부했다면 성적이 잘 나와야 합니다. 최선을 다해 일한 것이 있다면 반드시 열매가 있어야 합니다. 수련회 때 성령을 받고 세상으로 돌아 왔을 때 이전의 행동과 똑같다면 그만한 바보는 없을 것입니다. 예배를 드렸다면 그 속에서 만난 주님을 꼭 잡으십시오. 그때의 기쁨과 감격을 놓치지 말고 삶 속에서도 되새기십시오. 한나는 기도한 후에 얼굴에 수심이 없었습니다. 예배를 드렸다면 근심, 걱정을 털고 평안과 기쁨만 가져가십시오.

잠언 1장 7절. 여호와를 경외하는 것이 지식의 근본이거늘 미련한 자는 지혜와 훈계를 멸시하느니라.

지금 이 책에서는 많은 교훈들을 여러분들에게 알려주고 있습니다. 또한 예배를 통해서도 계속 말씀을 듣고 있습니다. 하지만 이를 경홀히 여기고 들은 것을 모두 잊어버린다면 안 들으니만 못합니다. 들은 후에는 여러분 것으로 소화시키고 자신의 것으로 만드십시오. 지혜와 훈계가 듣기에는 별로 좋지 않고 실천하기에도 힘들지만 듣고 노력한다면 아름다운 결실을 얻게 될 것입니다. 울며 씨를 뿌리러나가는 자는 기쁨으로 단을 거둘 것이라고 주님께서 말씀하셨습니다.

04 / 21일 새벽묵상

2013년 1월을 시작하며 새 책 편집이 한창일 때
21일 동안 하나님께서 저에게 많은 말씀을 들려주셨고
매일 다니는 겨울 사역 속에서도 매일 새벽마다
말씀을 들을 수 있게 하시고 다시 한 번 그 말씀을
묵상할 수 있는 시간들을 주셔서 시를 쓰고 글을 쓰는 나눔이 있게 되었습니다.

출간될 책의 편집이 거의 마무리된 상태에서
모든 내용들을 돌아보게 하셨고
다시 한 번 새로 주신 말씀들을 같이 나누려합니다.

2013년 21일의 특별집회 기간 동안 폭포수처럼 들려지는 말씀이
다시 한 번 저의 생각과 다짐들을 바꾸었습니다.
부디 앞으로도 이 마음 이 생각을 그대로 지켜
저의 미래를 더 많이 바꾸고 믿음을 지켜가길 원합니다.

말이 마음입니다.

시. 글. 나눔.
그렇게 달라지는 생각과 미래

생각이 달라지면
마음이 달라집니다.

마음이 달라지면
입에서 나오는 말이 달라집니다.

입에서 나오는 말이 달라지면
눈으로 바라보는 세상이 달라집니다.

눈으로 바라보는 세상이 달라지면
살아가는 미래가 달라지게 됩니다.

살아가는 미래가 달라지면
다음 세대의 현실이 달라집니다.

생각이 변하면 오늘이 달라집니다.
생각이 변하면 미래가 달라집니다.
생각이 변하면 후대가 달라집니다.

걸음이 거름이요

운전은 백 번을 해도 조심해야 합니다.
예배는 백 번을 드려도 마음을 다해 드려야 합니다.

진짜 하나님을 사랑한다면
교만은 죽음의 길입니다.

내 얼굴을 자랑하지 말고
내 발걸음이 거름이 될 수 있도록
주여 무늬만 복음이 되지 말게 하소서!

진리는 한탕주의가 아니기에
날마다 걸음이 거름되게 하소서!

신나게 여행합시다!

어둠의 권세는 죄를 들추지만
생명의 은혜는 죄를 깨닫게 합니다.

죽일 자에게는 죽이는 물이지만
살릴 자에게는 살리는 물이 되니

다 안 되는 세상이지만
반드시 될 사람이 되어서
신나게 복음 들고 여행하게 하소서!

유쾌 통쾌 상쾌

저금하러 가는 사람 중에
인상을 쓰는 사람은 없습니다.

그런데 예배 드리러 가는
사람과 은혜 받으러 가는 사람은
하늘 나라에 저금을 하러 가는 것인데
인상을 쓰는 사람이 있습니다.

모르기 때문입니다.
우리들이 드리는 예배가 얼마나
유쾌 통쾌 상쾌한 일인지를 모르기에
인상을 찌푸리는 것입니다.

이제는 시원하게 웃으며
유쾌 통쾌 상쾌한 은혜를 받을 것입니다.

더 똑똑합시다.

지금 많이 어려운 것은

작년에 잘못한 것이 많아서 입니다.

그러니 지금 행동을 더 잘해야 하고,

그러기 위해서는 더 똑똑해져야 합니다.

참고 인내하는 힘을 길러야 합니다.

한 번 더 생각하고 한 번 더 연구하면 똑똑해집니다.

분별력이 있으면 똑똑해집니다.

더 똑똑해져야 생각이 달라지고 미래가 달라집니다.

늘 충만! 최고 충만!

성경에서 가장 큰 복을 받은 다윗,
그 축복의 시작은 바로 다윗이 죄를 지었을 때
왕이라는 지위와 상관없이 자신의 죄를 인정하는 것이었습니다.

죄를 인정했던 다윗의 행위가 지금의 다윗을 만들었습니다.
내가 범죄 하였습니다! 내가 죄인입니다!
늘 충만 최고 충만은 항상 죄를 인정하며 사는 것입니다.

하나님이 시대의 복음을 이어가길 원하실 때
나는 무엇을 할 수 있을까? 바로 나 자신을 인정하는 것입니다.
주여 나를 용서하시고 이 복음에서 나를 빼지 마소서!

끝까지 져주십니다.

나를 향한 말씀을 들으며
내가 생각하는 방향이 달라져야 합니다.

하나님은 나에게 끝까지 져주십니다!

하나님을 알면 알수록
말문이 막히고 할 말이 없습니다.

내가 너를 끝까지 놓지 않으리라!
나 같은 놈이 뭐라고
나에게 끝까지 져주시는지.

이제라도 정신 차리고 앞으로는 내게
져주시는 주님께 모든 것을 맡기고 따라가렵니다.
주님은 오늘도 나에게 져주고 계십니다.

최고 충만이 축복 충만이요

지금 내가 설교를 하고 있는 것이
중요한 것이 아니라 그 동안의 어려움과
아픔이 있어도 불평하거나 힘들어 하지 않고
지금의 충만을 유지한 것이 은혜이다.

나의 첫사랑을 놓치지 않고 지금까지
은혜를 이어올 수 있었던 것이 최고 충만이었고
그 최고 충만은 축복 충만으로 변하여
언제나 감사와 감격의 은혜를 돌리게 한답니다!

답을 위하여 총동원이요.

어떤 책망을 받아서라도 내 영혼을 살려라!

우리의 싸움은 답과의 싸움이다!
죄의 문제를 다루는 일에 철저히 항복하자.

주여 나를 가르치시고 나를 깨닫게 하시고
나의 영혼을 소성케하소서!
사람이 하는 일이 아닌 생명의 일이기를 소망합니다.

우린 지금 축복의 간증을 들을 시간이 없습니다.
이제부터라도 다시 하나님의 답을 위해 삽시다.

내 생각이 바뀌어야 반드시 새로운 인생이 됩니다!
누군가 기도할 때마다 생각나는 사람이 됩시다!
명찰만 일꾼이 아닌 죄의 문제에 총동원해서 회개하여

다시 한 번 정답을 향해 살아가는

일꾼이 되기를 소망합니다.

답으로 스타가 됩시다.

스타는 별입니다.
그러나 돌리면 남을 찌릅니다.
더 다듬고 갖추어서 답으로 스타가 됩시다!

하나님의 답을 알기까지는 많은 땀과 눈물을 흘려야 하지만
결국에는 주님이 아시고 많은 이들을 돌아오게 할 것입니다.

오직 답으로만 스타가 되어야 합니다.
답을 알고 기다리라면 기다려야 합니다.
그 답은 오직 예수 그리스도이십니다.

다윗의 자손 예수여 나를 불쌍히 여기소서!
답을 외친 바디매오는 다시 하늘나라 스타가 되었습니다.

간섭을 받아야 하고

방향을 지시 받아야 하고
답으로 스타가 됩시다!
막연히 소리 높여서 만난 것이 아닙니다.

'다윗의 자손 예수여!' 라는 답을 알았기에
하나님께 사정하는 사람이 되어 스타가 되는 것입니다.

답으로만 스타가 되자.
이 시대의 답을 아는 자가 누구인가요?
이 시대의 예수를 아는 자가 누구인가요.

하나님께 더 사정합시다.
다윗의 자손 예수여
나를 불쌍히 여기소서!

소경 거지 바디매오의 고백이

이 새벽, 우리들의 부르짖음이 되기를 소망합니다!

예수님을 더 알기를 원합니다!

복음은 천국축제이다

저는 분명히 알고 있습니다.
제가 바쁜 것은 잘나서가 아니라 지금 시대에
쉽게 들을 수 없는 복음의 말씀을 들었고
날마다 정답을 듣고 보고 배우고 있기에
그 정답을 가지고 나가서 하루하루 정답을 말해주면
정답을 몰랐던 사람들이 흥분하기 시작합니다.

답을 아는 스승을 만난다는 사실.
답을 아는 중보자들을 만난다는 사실.
세상 그 어느 누구도 따라올 수 없는 저의 축복입니다

오늘도 정답을 듣고 답을 모르는 세대 속에
징검다리를 놓으러 갑니다.
분명 누군가가 다시 살아날 것을 기대하는
오늘 하루도 모두 주님의 은혜입니다

오늘도 복음 들고 천국 축제로 갑니다.
복음을 알고도 슬프게 살아가는 영혼들에게
복음을 아는 자들이 얼마나 신나는 인생인지.
천국을 소유한 사람들이 얼마나 신나는지를
알려줄 수 있도록 오늘도 전진입니다.

답이 은혜 받은 자요

노아가 120년 동안 방주를 짓는 것은 미친 짓이었지만
답을 아니까
결국에는 은혜 입은 노아가 주인공이 됩니다.

한 번 쯤은 미친 짓이라는 소리를 들어야 합니다!
주님이 나에게 아무 것도 안 해주셔도 괜찮다.
그저 나에게 임할 진노만 멈출 수 있다면 좋겠습니다.

제발 욕심을 버려라!

매일 방주 짓고
매일 회개하고
매일 말씀 듣고
이것은 이상한 것이 아니라
은혜 입은 자만이 할 수 있는 일이다!

성령 받지 않으면 일하지 마라!
진짜 하나님 앞에 은혜 입은 자라면
약속 있는 자라면 이제는 더 해보자.

한번 은혜입고 회개하고 남은 자가 되려면
내가 성령받기 위해서 나를 던져야 한다.

방주를 지어보자!
남들이 모두 자고 있을 때
한 번 더 미친 짓을 해보자.
남이 보는 것과 상관없이
한 번 더 미친 듯이 해보자!

예수님께 미쳤다!
노아는 여호와께

은혜를 입은 자라
진짜 이 새벽에 나도
예수님께 더 미치고 싶습니다.

그들에게 정보를 제공한 것이 잘못이다.
우리가 마귀에게 빌미를 주지말자.
남은 자 은혜 입은 자만이 방주를 지을 수 있다.

진짜 목사가 되자!
답이 은혜 입은 자. 약속 있는 자. 남은 자.

답을 향해 밀어 붙여!

문제를 뛰어넘지 못하는 것은
하나님을 신뢰하지 못하는 것이다.

하나님의 답을 다시 끌어내려서
하나님이 나를 통치 할 수 있도록
이제 다시 하나님의 마음을 갖자.

나를 위해 우는 인생이 아니라
복음을 위해 거룩한 부담을 갖고
이제는 영혼 때문에 울 수 있기를
복음 때문에 생명을 걸 수 있도록

이제는 하나님의 답을 알아
하나님의 답대로 살게 하소서!

말씀의 제목이라도 믿어라.
못 알아 듣는 말씀을 듣고 또 들어라!
하나님의 답만 알면 얼마든지 뛰어넘는다!

사람에게 매달리지 마라.
이제는 민족 살리고 복음 이어가고
하나님이 보우하사 우리나라 만세 외치도록!

답은 문제가 문제 되지 않습니다.

언제까지 근심할 것인가?
우리가 답을 알고 있으면
문제가 문제 되지 않습니다,

아무리 가난하고 힘들어도
우리가 주님만 바라본다면
문제가 문제 되지 않습니다.

주여 삼창을 할 힘만 있으면
기뻐 찬양할 마음만 있다면
문제가 문제 되지 않습니다.

지금도 하나님의 역사는
내 안에서 일어나고 있음을
알고 있다면 할 수 있습니다.

방황하는 영혼에게도
악한 영의 생각이 전염되어
결국 자살하게 만들고
모든 걸 포기하게도 만드는 것이지만

우리가 하나님의 답을 알고
그 정답대로만 따라간다면
문제가 문제 되지 않습니다!

결과의 이야기들이 지금 내게도
동일한 결과로 이어지기를 소망합니다.
답은 문제가 문제 되지 않습니다.

답만 뽑아서 홈런을 치자

축복의 통로인 야곱이었지만
답을 모르고 살았습니다.
정답을 몰랐기에 늘 아웃 당하던 인생

이제는 말씀을 듣고
답만 뽑아서 홈런을 치렵니다.
9회 말 투아웃 만루 홈런.
답을 알면 홈런을 칩니다!

내 답 말고 하나님의 답을 찾아
날마다 홈런을 칠 수 있도록
오늘도 깨닫게 됩니다.

제 인생은
9회 말은커녕 중간에 콜드게임으로 질 뻔 했는데

마지막에 정답을 알아서

연타석 홈런을 치게 하시니

모든 영광 하나님께 올립니다.

모르고 한 일이 답이었습니다.

하나님을 잘 아는 줄 알았지만
아직도 하나님을
잘 모르고 있다는 사실에
이 새벽에도 부끄러움을 느낍니다.

우리가 하나님을 제대로만
알고 있다면 지금 이렇게 엉터리로
신앙 생활을 하지는 않을 것입니다.

아무 것도 없었던 한국교회는
지난 세월 아무것도 몰랐지만
기도를 했고 예배를 드렸고

찬양으로 영광을 돌리며 많이
희생하고 헌신함으로 축복의

통로가 되어 살아왔답니다.

그러나 지금은 많은 것을 가지고
많은 것을 배우며 학위는 있지만
하나님을 제대로 모르고 있기에
죄인인 줄도 모르고 잘못한 줄도 모르고
회개를 잃어버려갑니다.

용서하세요. 잘못했어요. 주님
용서하세요. 잘못했어요. 주님
용서하세요. 잘못했어요. 주님

내가 하나님을 몰랐음을
다시 인정하며 주님께 용서를 구합니다.
이제라도 하나님을 더 알기 원하며
진심으로 회개로 나아갑니다!

하나님을 알 수 있는 최고의 길은
오직 진실한 회개의 길입니다.
나의 지난 시간이 하나님을 몰라

저질렀던 실수들이니 주여

우리의 교만과 죄악을 용서하시고
지금까지 살려주시고 참아주며
기다리심에 감사드리며 나갑니다.

이제 주님만을 섬기며 헛된 마음 버리고
주님 앞에 내 생명을 드립니다.
주님 더 알아가게 하소서!

하고 싶은 대로 안 된 것이 감사이기에
만약에 그동안 하고 싶은 대로 응답을 받았으면
저는 어떻게 되었을지 모를 것입니다.

주여 앞으로도 내가 하고 싶은 일들은
모두 다 안 되게 하시고
이제는 하나님이 나를 통하여
하실 일만 이루어지게 하소서!

하나님 한 번도 나를 실망 시킨 적 없으시고

그 어느 것 하나 주의 손길 안 미친 것 전혀 없음을 인정하며
신실하신 주님을 찬양하렵니다!

입으로 백 번 잘못했다고 말하는 것보다
행동으로 한 번 가지치기하고 진심으로
회개의 행동을 옮기는 것이 진짜입니다.

반복되는 단어를 쓰는 우리가 되지 말고
날마다 감동되는 감격스런 단어를 쓰는
우리가 되어 새로운 미래로 나갑시다.

내게 남은 기운이 있다면 우리는
그 기운으로 죄를 지을 때가 많기에
주님 앞에 더 강한 찬양과 기도로
나아가는 예배를 통하여 나의 힘이
모두 다 빠져나갈 수 있기를 소망합니다.

답으로 답을 끌어내립시다.

하나님의 답을 끌어내면
자동으로 축복이고 자동으로 용서다.

답이니까 소리를 지르는 것이다.
답이니까 화라도 내는 것이다.

그분의 용서가 없이는
그분의 사랑이 없이는
복음의 답을 가지고
사랑의 답을 끌어내려서
그대로 이어지는 복을 받자.

좋은 교회는 무조건 축복을
빌어주는 것이 아니라
죄를 기억나게 해서 회개하게 만드는 곳입니다.

그대로 통과 받는 답이요

하나님의 답을 알면 스스로
하나님께 돌이키게 된다.

성경의 모든 쓰임 받는 사람은
스스로 성결하며 스스로 일어나
스스로 굳세게 되었다.

사람에게 잘 보이려 노력하면
결국에는 사람 때문에 넘어지고
스스로 하나님께 잘 보이려고
노력하면 스스로 일어나게 된다.

스스로 통과를 받으면 답을 본다.
스스로 움직인 다윗의 발걸음이
축복의 발걸음이 되어 건너간다.

스스로 깨닫는 것이 훨씬 더 큰
축복이며 이제 역사는 시작됩니다.

누가 스스로 일어나고 돌이키고
굳세게 하는 사람이 될 것인가?

답은 사실이고 현장입니다

복음은 사실이고 현장이기에
내가 전하는 모든 복음의 말씀은
어길 수 없는 사실이고 현장이다.

그러니 내가 정확한 답을 말하고
현장의 예수님 이야기를 전하려면
말만 잘하는 사람이 되지 말고
내가 예수에 생명을 걸어야
듣는 사람들도 생명을 걸 수 있다.

내가 예수를 믿고 기도해야
듣는 사람들도 믿고 기도를 한다.

오늘도 하나님 앞에서 얼마나
세상과 타협하지 않고

바르게 복음을 전했는지를 돌아봅니다.

성령이여 나를 통치하소서.
말씀이여 나를 이기소서.

주여 사실 앞에서 더 높게 깊게
많이 체험하게 하시고 날마다
현장 앞에서 악한 것과 타협하지
말게 하시고 천국 가는 그날까지
주를 찬송하며 영광 돌리게 하소서.

주여 오늘도 사실이 되도록
현장에서 승리할 수 있도록
오늘도 말씀으로 날 이끄소서.

열매의 순서입니다

까먹더라도 은혜는 받아야 한다.
은혜 받고 까먹을 수 있지만 그래도 받아야 합니다.

잘 되는 것이 좋은 것이 아니다.
죄 가운데 있을 때는 안 되어야 한다.
세상에 빠져있고 욕심이 강할 때는
안 되어야 한다. 그래야 예수를 만난다!

창피하게라도 죄가 드러나
회개하면 하나님이 다시 살리신다.

뽑을 때 뽑힙시다!
주여 나를 뽑아내소서.
내 안의 분노와 내 안의 교만을
뽑아내셔서 나를 다시 심으소서.

주여!

무조건 뽑아내서 새로워지게 하소서!

그 열매의 순서를 따라서 복의 통로가 되게 하소서

열매의 시작입니다

말씀을 많이 아는 것이
더 중요한 것이 아니라
행하는 것이 중요한 것이다.

언제나 먼저 그의 나라와 의를 구하고
그 다음에 내 것을 챙기는 순서가 있는데
알면서도 순서대로 안하고
내 것 먼저 챙기면
결국에는 아무 것도 안 남는 것을 알기에

오늘도 하나님 나라와 그의 의를
먼저 구하는 행하는 믿음이게 하소서!

이제 순서 바꾸는 것을 하지 말고
주님이 알려주신 순서대로 오직

주님 것을 먼저 구하는 순종하는
그런 제자의 길을 걷게 하소서!

절대 순서를 바꾸지 말게 하소서
순서만 바꾸지 않으면 열매는 내게
반드시 시작되어짐을 믿습니다!

어둠이요 빛이요 광명이요

어둠이요 빛이요 광명이요.
우리는 부르짖는 재미로 살고
주님은 응답해주시는 재미로 사신다.

행복바이러스입니다

반드시 있어야 할 사람
있으나 마나 한 사람
차라리 없으면 더 좋은 사람

나는 오늘 어떠한 사람으로
하나님 앞에 서 있는가 내 모습을
다시 돌아보며 주님 앞에 섭니다.

하나님의 방법대로 움직여
쓰임 받는 행복 바이러스가 되어서
만나는 이들에게 복음의 행복을 전달하는
징검다리가 되고 싶습니다.

이제 곰팡이를 전달하는 썩은 바이러스가 아니라
복음의 소망과 기쁨을 전달하는 행복 바이러스로

바로 서서 전염시키게 하소서.

주여 제가 사기꾼 되지 말게 하시고
복음으로 내 이익만 찾지 말게 하시고
복음 앞에 바로 서는 행복 바이러스가 되게 하소서.

은혜의 천재가 됩시다.

거지는 그럭저럭 산다
그러나 우리는 거지가 아니기에
그럭저럭 살 수 없고 날마다 가장
강력한 말씀의 주인공이 되어야 합니다

하나님 오늘밤도 나의 잘못을
말할 수 있는 용기를 주셔서
은혜에 초점을 맞추고
다시 한 번 용서를 주시고 회개할 마음을 주소서

은혜의 천재가 되게 하소서.

인정해야 통과 받습니다

기도는 대충하면 안 된다.
예배는 대충 드리면 안 된다.

여자가 제일 아름다울 때는
하나도 꾸미지 않은 상태인
목욕하고 나올 때입니다.

남자가 제일 아름다울 때는
의리를 지키고 약속 지킬 때입니다.

성도가 제일 아름다울 때는
죄를 인정하고 회개할 때입니다.

인정해야 주님께 통과 받고
인정해야 새롭게 달라집니다.

신상품이요 폐기처분이요

하나님을 제대로 알면 신상품이지만
하나님을 떠나면 폐기처분을 당합니다.
신상품은 세일도 안합니다.
신상품만 언제나 선착순으로 구할 수 있습니다.

날마다 새로워져서 신상품이 되게 하소서!

천하무적 임우현

도살장에 끌려가는 양 같지만
넉넉히 이겼다.
예수님의 배짱이
지금 우리 안에서 살아 역사 하십니다.

하나님께 보증을 받으면
천하무적 임우현!

누가 뭐래도 천하무적!
누가 막으리요!

영빨 천하무적!
내가 나를 지키는 것이 아니라
전능자 여호와가 지켜주신다!

하나님이 함께 하시면
우리는 천하무적이 된다.

아무도 우리를 막을 수 없는
나의 환경과 상황과 상관 없이
우리는 반드시 천하무적이 된다.

주님이 나와 함께 하시면
천하무적이 된다.

듣고 순종하고 웁시다

똑똑한 사람들은
은혜는 바위에 새기고
원수는 모래 위에 새깁니다.
그런데 우리들은
원수는 바위에 새기고
은혜는 모래 위에 새깁니다.

용서 안 해도 된다.
그러나 용서 안 한 짐은
내가 평생 가지고 가야한다.

그러나 용서하면
나는 아무런 짐이 없다.
평생 자유해 질 수 있다.

상대가 변하기 전에
내가 변하는 것이 은혜다.
그러니 이제는 내가 변하자.
매일 적용해야 한다.

이제 들었으면 순종하고 읍시다.
새로 시작합시다!

계속 받아야 늘 충만 입니다

내가 할 수 있다는 것이 교만이니
이제 주님이 말씀하십니다.
이제 내게 맡기지 않으련…
네가 가진 힘들고 어려운 무게를 내게 맡기거라.

세상 사람 어느 누구도
우리 짐을 대신 져 줄 수 없지만
주님은 아무도 도와주지 않는
나의 짐을 질 때를 기다리십니다.

궁휼을 그치지 마소서.
속히 도우소서.
지체하지 마옵소서!
오늘도 받게 하옵소서. 은혜를!

늘 밤이요 늘 광명이요

쓸개 없는 것.
얼마나 뱃속 편한가?
멍청한 데는 약도 없다고 하지만
신약, 구약은 아무리 멍청한 사람도
무지한 사람도 다 고칠 수 있다!

늘 밤이요 늘 광명의 인생은
말씀으로 고침 받은 사람의 것입니다.

종점이요

사기 치지 맙시다.
하나님의 시간들
하나님의 물질들

도둑질하지 맙시다.
하나님이 주신 모든 것
하나님이 주신 달란트

잊어버리지 맙시다.
하나님이 주신 사명들
하나님이 주신 영혼들

낮에는 주의 인자하심으로
밤마다 주의 성실하심으로
베푸시는 불기둥 구름기둥의

역사를 잊어버리지 말고

이제 나의 모든 인생의 최종점을
오직 하나님께만 두어서
내가 가고 싶어 했었던
세상 성공의 종점에서 방향을 돌려서

복음을 지켜나가고 이어나가는
복음의 징검다리가 되어서
다음 세대를 살리는 사명의 길을 찾아 떠나는
오늘이 되게 하소서!

에필로그

21일 간의 새벽묵상이었습니다.

21일 동안 매일 새벽마다 저에게 주시고자 하는 메시지는 분명했습니다.

더 충만 하거라 늘 충만 하거라.

그리고 이제는 모두 다 충만할 수 있게 돕거라.

그렇게 날마다 충만한 믿음을 지키어 죽어가는

다음 세대를 살리라는 하나님의 말씀이셨습니다.

21일 간의 새벽묵상을 마치며

다시 한 번

너무 늦게 철이 들어 주님을 알아감에 부끄러움을 느끼며

이제라도 남은 모든 시간 빚을 갚는 마음으로 살아갈 것을 약속하며

주님을 사랑하는 마음을 전합니다.
주님을 더 알기를 원합니다!